Super Bowls

Die sinnlichste Art,
gesundes Essen zu genießen

SUPER
BOWLS

Brandstätter

EVA FISCHER

Life changing food

Das **LCF** Prinzip

SUPER BOWLS

Brandstätter

INHALT

ISS DICH GLÜCKLICH!

New York im Mai. Es schüttet aus Kübeln und ein unangenehm kalter Wind weht. Ich sehne mich nach einer duftenden Schale Tee und einer heissen Suppe. Auf der Suche nach einem trockenen Plätzchen flüchte ich in ein Café. Ich studiere die Karte — und da ist es, mein persönliches Sch(l)üsselerlebnis: Essen aus Schüsseln von A bis Z! Angefangen vom Frühstück bis zum Dessert wurde hier alles in Bowls serviert. Ich war begeistert.

In meinem ersten Kochbuch „Life Changing Food – Das 21-Tage-Programm" (LCF) habe ich ein ganzheitliches, leicht anzuwendendes Ernährungsprinzip entwickelt, das nach nur wenigen Wochen zu mehr Energie und Ausstrahlung führt. Und das mit Langzeiteffekt! Die vielen positiven Reaktionen auf LCF haben mich ermutigt, ein zweites Buch zu verfassen. Welches Thema es haben sollte, wusste ich sofort: Essen aus Bowls und LCF zu kombinieren, ist mir ein Herzensanliegen. So bekommt meine geliebte Schale ihren ganz persönlichen Auftritt. Ich finde: zu Recht! Warum sollte man Smoothies immer aus einem Glas trinken oder ein Steak stets vom Teller essen? Festes wie auch Flüssiges kann aus einer Schale überraschend anders schmecken.

Heute sind Bowls ein internationaler Trend. Das Geheimnis ihres Erfolgs: Lebensmittel mit unterschiedlichen Farben und Formen werden mit viel Fantasie und Liebe zum Detail angerichtet. Eine wunderschön dekorierte Schale in den Händen zu halten, im wahrsten Sinne des Wortes aus dem Vollen zu schöpfen, ist für mich purer Genuss und Lebensfreude. Getreu meinem Motto, dass Essen vor allem guttun und gut schmecken soll, bieten meine Bowls gesunden Genuss zum Wohlfühlen. Und das Beste dabei: Mit meinem Modulsystem (s. S. 10–15) ist es supereinfach, Bowls nach deinen persönlichen Vorlieben zu kreieren.

**Alles, was du brauchst, ist eine Schüssel,
ein Löffel und eine Prise Kreativität!**

*Viel Freude beim Lesen
& Nachkochen!*

MOOD FOOD

FÜR MICH HAT EINE BOWL IMMER ETWAS **VERTRAUTES, HEIMELIGES UND WOHLIGES.** ICH DENKE, DER HAUPTGRUND DAFÜR IST, DASS MAN SCHALEN MIT DEN HÄNDEN UMFASSEN UND DIE SPEISEN IN HÄNDEN HALTEN KANN. MAN **SPÜRT DIE WÄRME** DIREKT. DAZU KOMMT, DASS DAS ESSEN AUS SCHÜSSELN AN DEN BREI AUS KINDERTAGEN UND WÄRMENDE SUPPENTASSEN IM WINTER ERINNERT.

Essen schenkt uns Genuss, es wärmt und kann Trost und Freude spenden. Bei keiner Speisenart kommen diese Eigenschaften so zum Tragen wie bei Bowls. Bowls sind echtes „Mood Food".

Solches Mood Food spricht uns auf vielen Ebenen an. Da ist zum einen die emotionale Komponente. Lieblingsspeisen aus Kindertagen, vertraute Gerüche und Geschmäcker: Nichts schmeckt so gut wie das, was Mutter oder Oma für uns gekocht haben, als wir noch Kinder waren. Auch Besteck oder Geschirr, das wir von klein auf kennen, oder wie es für spezielle Mahlzeiten typisch ist, ist mit Emotionen verknüpft: Es erinnert an Glücksmomente beim Picknick, im Ferienlager oder beim Camping. Mood Food steht für unbeschwerten Genuss, verbunden mit geliebten Köstlichkeiten aus der Kindheit, aber auch mit Freizeit und Freiheit.

DAS AUGE ISST MIT

Einer der Gründe, warum mir Bowls besonders gefallen und warum ich gerne daraus esse, ist, dass sie so dekorativ und appetitlich sind. In einer hübschen Schale lassen sich die unterschiedlichsten Speisen auf ganz besondere Art präsentieren. Essen, das schön angerichtet und duftend auf den Tisch kommt, macht Appetit und verführt. Schön arrangierte Bowls sehen unglaublich lecker und unwiderstehlich aus. Die Wahrnehmung aktiviert die Sinne: süß, säuerlich, fruchtig. Es fühlt sich warm und gut an. Es schmeckt himmlisch. Du riechst und schmeckst Aromen und Gewürze. Du isst mit Genuss und Hingabe. So macht Essen auf allen Ebenen glücklich!

Bowl-Smoothies und auch Frühstücksbowls, z.B. die Bagels-Bowl (S. 35), sind ein echter Augenschmaus. Mit Feigen, Honig und Nüssen oder Chiasamen,

Gojibeeren und Mandelsplittern lassen sich wunderschöne Dekorationsideen verwirklichen. Bei Bowls wird schon das Anrichten zum sinnesfreudigen Erlebnis; das liebe ich ganz besonders an ihnen.

VERDICHTETER GENUSS

In einer Schüssel vermischen sich die Zutaten einer Speise besser als auf dem Teller. Nahrhafte Speisen mit Sauce oder Saft können in Schalen ideal serviert und gemischt werden. Das ist appetitlich, platzsparend und häufig genussvoller als das Anrichten auf Tellern. In anderen Kulturen, z.B. in China, hat das Essen aus Schüsseln eine lange Tradition.

Auch die verschiedenen Texturen des Essens verbinden sich in Bowls viel besser. Nehmen wir z.B. mein Frühstückshighlight: warme Quinoa, kombiniert mit dem vollen Geschmack von gebratenen Tomaten und Pilzen, frischem, knackigem Spinat, einem Hauch von Dukkah und einem cremig pochierten Ei. Natürlich würde das auf einem Teller auch funktionieren. Aber in der Bowl gehen die Zutaten eine intensivere Verbindung ein. Jeder Bissen überrascht mich mit einer Vielzahl verschiedener Eindrücke. Bowls sind verdichteter Genuss.

Bowls sind aber auch unglaublich praktisch und einfach zu handhaben. Essen aus Schüsseln steht für unkompliziertes Genießen, für Essen jenseits gesellschaftlicher Zwänge, bei dem man sich voll auf Geschmack, Konsistenz und Textur konzentrieren kann statt auf die korrekte Handhabung des Bestecks. Bowls sollen und dürfen in die Hand genommen, aufs Sofa entführt und dort lustvoll geleert werden. Sie machen aber auch auf einer fein dekorierten Tafel super Figur und sind ideal für Einladungen.

MEIN BOWL-BAUKASTEN

Bowls zu kreieren ist supereinfach: Mein Modulsystem enthält für süße und pikante Bowls jeweils unterschiedliche Grundzutaten. Wenn du nach dieser Systematik vorgehst, kannst du nach Lust und Laune abwandeln. Es sind unzählige köstliche Kreationen möglich, der Fantasie sind keine Grenzen gesetzt!

SÜSSE BOWL

GEWÜRZE:
Zimt, Kardamom

TOPPING:
z.B. gehackte Mandeln, Gojibeeren, selbstgemachtes Granola (s. S. 155), Kakao, Kokosflocken, Honig, Kakaonibs, essbare Blüten, Feigen, Bananenscheiben

FRÜCHTE DER SAISON:
z.B. Sommer: frische Beeren oder Aprikosen,
Winter: Orangen oder Grapefruits,
Frühling: Rhabarberkompott,
Herbst: Birnen, Feigen oder Äpfel

GETREIDEGRUNDLAGE:
z.B. Hirse, Quinoa, Reisflocken

GEKOCHT MIT:
z.B. Mandel- oder Kokosmilch und Wasser

PIKANTE BOWL

GEWÜRZE & KRÄUTER:
z.B. Chili, italienische Kräuter, Currypulver, Kardamom

TOPPING:
z.B. Kräuter, Sprossen, Algen, Bonitoflocken, getrocknete Tomatenflakes, gehackte Nüsse, Kresse, schwarzer oder weißer Sesam, Dukkah (s. S. 153), pochiertes Ei, Salz & Pfeffer

DRESSING, SAUCEN & PESTOS:
z.B. klassisches Dressing, asiatisches Dressing, Pesto, Tahini-Dressing, Joghurt-Kräuter-Dressing (s. S. 157ff.)

GEMÜSE:
z.B. Avocado, Tomaten, gebratene Pilze, Brokkoli

HÜLSENFRÜCHTE:
z.B. Linsen oder Kichererbsen

GETREIDEGRUNDLAGE:
z.B. Quinoa, Couscous, Vollkornreis

DIE SUPER-BOWL-FORMEL

Wenn du nach meinem Bowl-Modulsystem vorgehst, erkennst du schnell die zugrundeliegende Super-Bowl-Formel, die Variationen nach Lust und Laune möglich macht:

1.) Hauptkomponente (roh oder gekocht): Getreide, Fleisch, Gemüse, Hülsenfrüchte, Obst

2.) Gewürze & Kräuter, natürlicher Zucker, Saucen, Pestos, Dressings

3.) Toppings wie Nüsse, Samen, Kokosflocken, essbare Blüten, Seealgen usw.

Beim Kreieren gilt es darauf zu achten, verschiedene Farben und Texturen zu kombinieren: weich, bissfest, knusprig, zart, kross, samtig …

AUSNAHME: DESSERT-BOWLS

Meine Dessertbowls orientieren sich meist nicht an der Bowl-Formel, denn sie sind mal cremig, mal beinhalten sie Kuchen, mal Früchte oder auch Reis. Mit den anderen Bowls verbindet sie das Topping. Aber auch hier gilt, dass mir mein Dessert aus Schüsseln besser schmeckt. Denkt nur an Bratapfel mit Vanillesauce (auch in diesem Buch zu finden, s. S. 138): Löffle ich die Vanillesauce lieber aus einer Schüssel oder vom Teller? Wenn es nach mir geht, bestimmt aus der Schüssel!

VARIANTENREICHTUM

Meine Super-Bowl-Formel ist einfach anzuwenden und tausendfach interpretierbar. Nur Mut!

Denk an die Farben und die Textur bzw. Struktur. Was sind deine Lieblingszutaten – wie kannst du sie am besten kombinieren? Ich bin überzeugt, dass Bowls zu kreieren uns lehrt, zu kochen, denn es lehrt uns, Essen aus einer anderen Perspektive zu sehen.

Wenn ich eine Bowl zusammenstelle, überlege ich mir, wonach sich mein Körper gerade am meisten sehnt. Sagen wir Milchreis. Dafür muss Reis und Milch her. Die Milch muss aber keine herkömmliche sein, sondern ich probiere etwas Neues aus und will pflanzliche Milch verwenden. Also entscheide ich mich für Kokosmilch.

Was passt farblich zu Milchreis? Nicht schwer – am besten ein starker Kontrast: Eine schöne Feige oder ein paar Beeren machen sich farblich besser als eine Banane. Weil die aber auch prima schmeckt, kommt sie am besten in Scheiben geschnitten in den Milchreis.

Beim Gewürz entscheide ich mich für Zimt (klassisch), und mein Topping wird aus Honig, knackigen gehackten Mandeln und Kokosflocken bestehen. Diese Formel ist auch deshalb so gut, weil man mit ihr optimal auf Vorlieben und Bedürfnisse von Partnern, Freunden und Gästen eingehen kann. Habe ich heute Vegetarier zu Besuch oder Fleischliebhaber, haben meine Gäste Unverträglichkeiten oder Allergien?

Aus einer Portion Kreativität und Experimentierfreude entstehen immer wieder neue Rezepte. So habe ich z.B. meinen warmen Fruchtsalat erfunden (s. S. 112). Ausgangspunkt dafür war meine Vorliebe für Ofengemüse. Es ist so einfach zuzubereiten, bietet so viel Geschmack und ist nebenbei auch noch sehr gesund. Deshalb kam mir die Idee: Warum nicht das Gleiche mit Früchten machen und daraus eine warme Fruchtspeise kreieren! Das Ergebnis ist seitdem eines meiner Lieblingsgerichte. Schmeckt herrlich an einem verregneten Sonntagabend auf der Couch, als süße Belohnung oder auch einfach so, zum Wohlfühlen.

PIMP YOUR BOWL!

BOWLS LASSEN SICH GANZ **EINFACH** UND ENTSPRECHEND DEN PERSÖNLICHEN WÜNSCHEN NOCH WEITER **AUF-WERTEN.** ZUM EINEN WIRKT ES WUNDER, BEI DER FARBLICHEN ZUSAMMENSTELLUNG DER BOWL STRATEGISCH VORZUGEHEN. UND DANN GIBT ES AUCH NOCH EIN PAAR ECHTE **GEHEIMTIPPS FÜR ZUTATEN,** AUF DIE ICH BEIM ZUSAMMEN-STELLEN VON BOWLS IMMER WIEDER ZURÜCKGREIFE.

FARBKOMPOSITIONEN

Farben machen Bowls noch appetitlicher und spannender. Eine Bowl mit nur grünen Zutaten macht optisch richtig viel her. Aber auch bunte Bowls mit Blüten sind echte Eye-Catcher und wirken gleichzeitig etwas verspielt. Der Trick dabei: Das passende Topping hilft sehr beim Feinschliff der Farbgebung. Kleine Details wie schwarzer Sesam, geriebene Zitronenschale oder Granatapfelkerne können eine Bowl optisch sehr aufwerten. Und ganz nebenbei wird sie dadurch auch gesundheitlich noch weiter aufgewertet.

SPROSSEN

Sprossen sind nicht nur äußerst gesund, sie pimpen fast jede pikante Bowl, geben ihr die extra Würze und das besondere Aussehen. Ob Radieschen-, Brokkoli-, Linsen- oder Kichererbsensprossen: Sprossen jeder Art sind Vitalnahrung pur. Überspitzt gesagt, steckt in Sprossen lebendige Energie. Beim Keimen erhöht sich der Vitamin- und Mineralstoffgehalt um ein Vielfaches, sobald die Pflanzensamen mit Wasser und Licht in Berührung kommen.

FEIGEN

Ein weiteres Lebensmittel, das jede Bowl – ob pikant oder süß – aufwertet, ist die Feige. Feigen können sich, je nach Sorte, im Erscheinungsbild etwas unterscheiden. Man findet in der Natur Feigen mit gelber, grüner, violetter oder rotbrauner Haut. Das Fruchtfleisch kann ebenfalls in der Farbgebung von weißlich-rosa bin hin zu einem kräftigen Rot variieren. Insgesamt gibt es etwa 150 verschiedene Feigensorten.

Die Feige ist genau genommen keine Frucht, sondern der fleischige Blütenstand des bis zu zehn Meter hohen Feigenbaums. Feigen enthalten sehr viele gesunde Stoffe. Schon früher war die süßliche Frucht für ihre heilende Wirkung sehr bekannt.

In Feigen sind verdauungsfördernde Enzyme sowie bakterientötende Substanzen zu finden. Feigen helfen auch bei Müdigkeit, Leistungsschwäche, Antriebsarmut und stärken die Konzentration.

Da sie Zink enthalten, verbessern sie auch die Stimmung. Feigen liefern nicht nur reichlich Fruchtzucker und Ballaststoffe, sondern auch Eisen, Kalium und Calcium.

Zusätzlich sind sie reich an Vitamin B1. Feigen liefern dem Körper aber auch sehr viel Wasser – sie bestehen zu fast 80% daraus. Sie gelten als blutreinigend, harntreibend und verdauungsfördernd. Die Konzentration der Inhaltsstoffe ist bei getrockneten Feigen sehr viel höher als bei frischen.

Gut zu wissen ist auch, dass Feigen einen extrem hohen basischen Wert haben. Aus diesem Grund sind sie optimal zur Neutralisation von Säure bildenden Lebensmitteln. Diese Eigenschaft der Feigen ist vor allem für Menschen wichtig, die viel Fleisch essen und deshalb zum Schutz vor Übersäuerung besonders viel basische Lebensmittel verzehren sollten.

SÜSSE

Zucker ist so eine Sache. Heiß geliebt oder gehasst, in jedem Fall viel diskutiert.

Sicher ist: Es gibt viele Optionen, raffinierten Zucker zu ersetzen. Generell gilt, dass jede Art von Zucker – unraffiniert oder raffiniert, Fruchtzucker, Süßstoff etc. – für unseren Körper nicht gut ist, wobei natürliche Zuckerarten, die nicht raffiniert sind, mehr Nährstoffe enthalten als die anderen.

Ich persönlich verwende zum Backen und in meiner Küche folgende Lebensmittel zum Süßen:

- Honig
- Ahornsirup
- Kokosblütenzucker
- Birkenzucker
- Datteln
- Bananen

Von all diesen Arten, meine Speisen zu süßen, mag ich Datteln am liebsten. Besonders die großen, fleischigen und sehr süßen Medjool-Datteln liebe ich. Sie enthalten viel Zucker, der jedoch leicht verdaulich ist. **Zudem stecken sie voller Mineralstoffe wie Kalium, Calcium, Phosphor, Eisen und Kupfer, jeder Menge Ballaststoffe sowie B-Vitaminen.** Ihr hoher Gehalt an Ballaststoffen wirkt positiv auf unsere Verdauung.

Ich bin auch ein großer Fan von Obst und finde, dass Früchte täglich in den Speiseplan integriert werden sollten. Bevor ich überreife, braune Bananen wegwerfe, nutze ich sie, um Süßspeisen oder Shakes zu süßen.

LIFE CHANGING FOOD

ESSEN IST FÜR MICH EINE DER **SCHÖNSTEN BESCHÄFTIGUNGEN** ÜBERHAUPT. ICH HABE IMMER SCHON GERN GEGESSEN. ALS ICH 21 WAR, STELLTE SICH HERAUS, DASS ICH ZÖLIAKIE (GLUTENUNVERTRÄGLICHKEIT) HABE. DAS BEDEUTETE, DASS ICH MEINE **ERNÄHRUNG** UND DAMIT MEIN GANZES LEBEN RADIKAL **UMSTELLEN** MUSSTE.

Klingt dramatisch und am Anfang war es auch nicht leicht. Doch heute weiß ich, dass diese Umstellung eines der besten Dinge war, die ich in meinem Leben gemacht habe. Glutenfrei zu kochen wurde für mich mehr und mehr der Schlüssel zu einer Welt unbekannter Genüsse.

Ich habe meinen Speisezettel komplett umgestellt – und ich bin seitdem jeden Tag glücklich darüber. Dank der Beschäftigung mit glutenfreiem Essen und alternativen Getreidesorten habe ich entdeckt, wie faszinierend Lebensmittel sind, die nicht nur lecker schmecken, sondern auch meine Gesundheit und Stimmung positiv beeinflussen. Diese Erfahrung, wie sehr gesundes Essen das Leben verändern kann, möchte ich weitergeben. Deshalb habe ich das Life-Changing-Food-Prinzip entwickelt: ein ganzheitliches, leicht anzuwendendes Ernährungsprinzip, das auf Genuss und Wohlbefinden basiert. Die Grundlage für Life Changing Food (LCF) ist Lebensfreude, für mich bedeutet gut zu essen, sich wohlzufühlen.

Heute verwende ich nur noch Lebensmittel, die ein Optimum an Nährstoffen und Genuss bringen. LCF liefert die wichtigsten Nährstoffe, stärkt das Immunsystem, vitalisiert – und ist nicht zuletzt purer Genuss! Wer sich mit LCF ernährt, beschenkt seinen Körper und seine Seele mit echter Wohlfühlnahrung. Ich habe sehr schnell bemerkt, dass meine neue Ernährungsform mir mehr Energie, eine schönere Haut und mehr Zufriedenheit schenkt. Deshalb möchte ich das Wissen um das LCF-System in meinen Kochbüchern weitergeben. LCF versorgt den Körper optimal mit Vitaminen, Mineralstoffen, Eiweißen, Enzymen, essentiellen Fettsäuren, Koenzymen etc. LCF bedeutet unter anderem, viel mit Gemüse und Hülsenfrüchten zu kochen. Sie liefern uns wichtige Mineralstoffe und Vitamine, und die Kohlenhydrate, die sie enthalten, gelangen nur nach und nach aus dem Verdauungstrakt ins Blut. Dadurch erhöht sich der Insulinspiegel nur ge-

ring, im Gegensatz etwa zum Anstieg des Insulinspiegels nach dem Konsum von Zucker. Deshalb zügelt LCF auch Heißhungerattacken, es hält länger satt und gibt den ganzen Tag über mehr Energie.

ACHTSAMKEIT

Hochwertige Nahrung ist eine Grundvoraussetzung für Gesundheit und Lebensfreude. Wie wir heute essen, führt jedoch vielfach zu Übersäuerung und Verfettung bei gleichzeitiger Mangelernährung. Und da die Nahrungsmittelindustrie im Lauf des vorigen Jahrhunderts den Markt mit einer Vielzahl an fertigen Speisen überschwemmt hat und Zeit eine sehr knappe Ressource ist, ist Kochen mit frischen Zutaten heute alles andere als selbstverständlich.

Ich finde das sehr bedenklich und schade. Sich für hochwertige Ernährung mit hohem Nährstoffgehalt (s. S. 60) zu entscheiden, ist eine Form, achtsam zu sein, auf sich zu schauen und sich etwas Gutes zu tun. Wer Lebensmittel mit schädlichen Inhaltsstoffen wie Geschmacksverstärkern, Konservierungsstoffen oder künstlichen Zusätzen meidet, lernt Lebensmittel zu schätzen, die dem Körper wirklich guttun. Das lässt sich auch ganz leicht trainieren. Denn der Körper merkt sehr schnell, was ihm wirklich guttut, und wird das neue Essen in kurzer Zeit lieben. Mir ist aber auch bewusst, dass Veränderung immer bedeutet, sich auf Neues, Unbekanntes einzulassen. Dafür braucht man gute Gründe. Ich denke, für LCF gibt es den besten Grund überhaupt: In unsere Gesundheit und unseren Körper zu investieren, halte ich für eines der wichtigsten und besten Dinge, die wir Menschen tun können.

Sich nach dem LCF-System zu ernähren, kann das Leben verändern. Meine Rezepte sollen dazu beitragen, dass das, was du isst, dein Leben zum Positiven verändert, dir Glück und Wohlbefinden bringt.

DIE SIEBEN
LCF–GLÜCKSVERSPRECHEN

**1. LCF SCHENKT DIR
MEHR ENERGIE
& AUSSTRAHLUNG**

**2. LCF STÄRKT DEIN
IMMUNSYSTEM UND SORGT
FÜR MEHR WOHLBEFINDEN**

3. LCF MACHT DICH LEISTUNGSFÄHIGER

**4. LCF VERSORGT DICH MIT ALLEN
WICHTIGEN NÄHRSTOFFEN**

**5. LCF IST VOLLER GESCHMACK
UND PURER GENUSS**

6. LCF STEIGERT DEINE LIBIDO

**7. LCF BRINGT DICH ZUM
WOHLFÜHLGEWICHT**

MEINE LIEBLINGSBOWLS

MEINE LIEBLINGS-FRÜHSTÜCKSBOWL

Dem Habsburger-Kaiser Franz Joseph (1830 bis 1916) wird nachgesagt, er sei aufgrund seiner Vorliebe für einfaches Essen zum Namenspatron für den Kaiserschmarrn geworden.

Was diese österreichische Süßspeisen-Spezialität für den Kaiser war, sind für mich eindeutig Pancakes (s. S. 27). Ich weiß nicht, was es ist, was sie mit mir machen, aber Pfannkuchen könnte ich fast immer und zu jeder Tageszeit essen. Wenn ich in einem Café jemanden sehe, der Pancakes bestellt, möchte ich möglichst bald nach Hause gehen, um meine glutenfreien Pancakes zuzubereiten. In Kombination mit meiner geliebten Schüssel ist dann mein persönliches Glück perfekt.

Pancakes sind unglaublich vielfältig zubereitbar. Das fängt schon bei der Mehlsorte an: In diesem Buch stelle ich euch Pancakes mit Mais- und Buchweizenmehl vor. Aber sie schmecken auch herrlich mit Kastanienmehl oder einer Kombination aus Reis- und Maismehl. Oder ganz ohne Mehl, dafür mit mehr Ei und Kokosflocken. Und dann kann man sie beliebig kombinieren mit Honig, Ahornsirup, Nüssen, Kokosflocken, Kompott, Bananen, Beeren, Zimt usw.

Nicht zu vergessen ist natürlich auch die pikante Variante, mit Ricotta und Kräutern, mit frischem Rucola und Granatäpfeln und einer feinen Sauce oder wie Blini mit Räucherlachs und pochiertem Ei und/oder Avocado.

MEINE PIKANTE LIEBLINGSBOWL

Meine pikante Lieblingsbowl fällt unter die Exoten und kombiniert eine ganze Reihe an faszinierenden Geschmäckern. Sie nennt sich Otsu (s. S. 87) und besteht aus japanischen Soba-Nudeln (glutenfreien Buchweizennudeln), Tofu, Koriander, Gurken und einem herrlichen Dressing.

Man kann sie eigentlich (außer zum Frühstück) zu jeder Tageszeit genießen – lauwarm oder kalt – und sie ist auch ideal zum Mitnehmen, z.B. am nächsten Tag in die Arbeit. Der Reisessig und das Sesamöl in Kombination mit Sojasauce und Limette machen den Geschmack so besonders. Und diese Bowl zeigt wieder einmal, dass es sehr wenig für guten Geschmack braucht.

Eine pikante Bowl hat immer Getreide als Grundkomponente. Das kann in Form von gekochtem Reis, Polenta oder Quinoa sein oder eben in Form von Nudeln wie beispielsweise Soba-Nudeln.

Soba sind sehr dünne Nudeln aus Buchweizenmehl (einige Hersteller mischen auch Weizenmehl dazu), die in jedem gut sortierten Reformhaus, Bio-Laden oder Asia-Geschäft erhältlich sind. Es kann sein, dass die Masse etwas „pampig" ist – am besten nach dem Kochen gründlich mit kaltem Wasser abspülen.

Tofu finde ich besonders gut, wenn er in Erdnussöl frittiert wird. Insgesamt bietet der Otsu-Salat ein ganz besonderes Genusserlebnis, denn er vereint Weiches (Nudeln) mit Knusprigem (Tofu), Knackiges (Gurken und Frühlingszwiebeln) und Frisches mit einem köstlichen Dressing.

MEINE SÜSSE LIEBLINGSBOWL

Wenn es um süße Bowls geht, ist definitiv die Rich Chocolate Bowl (s. S. 145) mein Favorit. Sie ist cremig und schmeckt sündig gut – ist aber kein bisschen sündhaft, sondern sehr gesund. Ich kann nur sagen: **Achtung, Suchtgefahr!**

In dieser Bowl versteckt sich eine sehr reichhaltige Frucht, die man nicht vermuten würde, die Avocado. Sie spendet dem Dessert die extra cremige Note und gleichzeitig die Omega-3-Fettsäuren.

Zum Süßen verwende ich Bananen, aber auch Datteln würden sich sicherlich gut machen. Zimt, roher Kakao und gehackte Haselnüsse sowie Kokosflocken runden diesen Schokoladentraum ab.

BOWLS UND LCF – EIN PERFEKTES DUO

BOWLS UND DAS LCF-PRINZIP ERGÄNZEN SICH PERFEKT. DENN BOWLS EIGNEN SICH HERVORRAGEND FÜR DEN EINSTIEG IN EINE GESUNDE LEBENSWEISE. SIE ZEIGEN UNS, WIE **EINFACH KOCHEN** UND DAS KOMBINIEREN VON GUTEN UND GESUNDEN LEBENSMITTELN SIND.

Ja, ich finde sogar, Bowls lehren uns das LCF-Prinzip noch ein bisschen besser zu verstehen. Denn wenn ich die verschiedenen Lebensmittel und ihre Wirkung kenne, kann ich sie in Bowls gezielt einsetzen.

Von dem Gedanken ausgehend, welche Zutaten ich bevorzuge, und mit dem Wissen um ihre Heil- und Wohlfühlwirkung kann ich kombinieren und meine gesunde Lieblingsbowl kreieren. Meine Bowls sehen nicht nur gut aus, sie sind alle nach dem LCF-Prinzip aufgebaut. Sie stecken voller Nährstoffe, sind reich an Vitaminen, Mineralstoffen, Enzymen und sekundären Pflanzenstoffen.

Du möchtest ein praktisches Beispiel? Sagen wir, heute habe ich große Lust auf Rote Bete – sie sind ebenso lecker wie gesund. Was passt dazu, wie könnte ich sie kombinieren? Rote Bete schmecken fantastisch im Ofen gegart mit Olivenöl und etwas Ziegenkäse, abgerundet mit Feigen (mehr Info zu Feigen findest du auf S. 14/15), Honig und Rosmarin. Dann wären da noch

Walnüsse mit ihren gesunden Fetten – ein Klassiker zu Käse und Honig –, sie machen sich auch in diesem Rezept fantastisch. Dazu eine weitere frische und knackige Komponente wie Rucola, und schon ist meine gesunde und leckere Salat-Bowl für das Mittagessen fertig.

Wenn ich Bowls ganz einfach nach der „Bowl-Formel" kreiere, versuche ich, bei den drei Grund-/Hauptkomponenten plus Gewürzen, Kräutern, Sauce und Topping immer solche Nahrungsmittel zu kombinieren, die mich mit besonders vielen Nährstoffen versorgen. Oder ich gehe umgekehrt vor, suche mir zwei bis drei Nahrungsmittel, die mir schmecken und die mir laut LCF-Prinzip sehr guttun, und baue mir rund um diese Nahrungsmittel meine Bowl zusammen.

Das Ergebnis belohnt mich mit einer ausgewogenen Bowl, die mir schmeckt und mich mit allen nötigen Nährstoffen, Enzymen, Vitaminen, Spurenelementen und sekundären Pflanzenstoffen versorgt: **meine LCF-Super-Bowl!**

ZU CHARAKTERISIERUNG DER REZEPTE HABEN WIR FOLGENDE SYMBOLE ENTWICKELT:

 GF
Das Rezept ist glutenfrei

 LF
Das Rezept ist laktosefrei

 VEG
Das Rezept ist vegetarisch

VG
Das Rezept ist vegan

MACH DIE REZEPTE NOCH LEICHTER MIT LCF:

Im Rezeptteil finden sich spezielle Buttons mit „Mach's leichter". Sie kennzeichnen Rezepte, mit denen sich besonders einfach Kalorien einsparen lassen.

ZEITANGABEN:

 ZZ= Zubereitungszeit

 SF= Servierfertig

SPECIALS:

 To go: Rezepte zum Mitnehmen & Vorbereiten

 Tipps fürs saisonale Kochen

Frühstücks-Bowls

Das LCF Prinzip

GESTÄRKT IN DEN TAG STARTEN:
DIESE BOWLS MIT FRUCHTIGEN CREMEN,
WÄRMENDEM BREI, LECKEREM GEBÄCK
UND FLUFFIGEN PANCAKES
MACHEN DAS FRÜHSTÜCK ZU EINEM
GESUNDEN VERGNÜGEN, DAS KRAFT
FÜR VIELE STUNDEN GIBT.

POLENTA-PANCAKES-BOWL MIT ZWETSCHGENKOMPOTT

Neben dem den Blutdruck regulierenden Mineralstoff **KALIUM UND PROVITAMIN A** enthalten Zwetschgen auch viele sekundäre Pflanzeninhaltsstoffe, vor allem die zu den Polyphenolen zählenden Anthocyane. Sie befinden sich überwiegend in der Schale und sind für die **SCHÖNE BLAU-VIOLETTE FARBE** verantwortlich. Ihr grosses Plus: Anthocyane sind antioxidativ und schützen vor Krebs und Herzinfarkten.

 ZZ: 25-30 MINUTEN

SF: 25-30 MINUTEN

ZUTATEN FÜR 2 PERSONEN:

65 g Mehl

20 g Buchweizenmehl

20 g Maismehl

1-2 EL Kokosblütenzucker

½ TL Zimt

1 TL Backpulver

½ TL Natron

1 Prise Salz

100 ml Buttermilch

1 großes Ei

30 ml Olivenöl

30 ml Wasser

2 EL Kokosöl

FÜR DAS ZWETSCHGENKOMPOTT:

6 Zwetschgen

1 Msp. Zimt

2 EL Kokosblütenzucker

TOPPING:

2 Feigen

Ahornsirup

Puderzucker nach Belieben

1. Zwetschgen entkernen und mit 250 ml Wasser, Zimt und Zucker in einem Topf bei mittlerer Hitze weichkochen.

2. In einer Schüssel die drei Mehlsorten mit Kokosblütenzucker, Zimt, Backpulver, Natron und Salz vermengen. In einer weiteren Schüssel Buttermilch, Ei, Olivenöl und Wasser vermengen. Flüssige Zutaten mit der Mehlmischung vermengen.

3. Kokosöl in einer Pfanne erhitzen und portionsweise Pfannkuchen backen.

4. Pancakes in Schüsseln mit Kompott anrichten. Feigen halbieren und dazugeben. Pancakes nach Belieben mit Puderzucker bestäuben und mit Ahornsirup beträufeln.

To go: Ich backe oft eine größere Menge Pancakes und friere sie dann ein. Wenn ich Heißhunger auf Pancakes bekomme – und das passiert relativ oft – backe ich mir im Ofen einfach schnell einige auf und genieße sie mit Ahornsirup und Kompott.

Saisonal: Kompott aus saisonalen Früchten oder fertiges Kompott verwenden, Feigen weglassen.

VEG **Glutenfrei** *bei Verwendung von glutenfreiem Mehl und glutenfreiem Backpulver*

QUINOA-FRÜHSTÜCKS-BOWL MIT POCHIERTEM EI

Ein warmes Frühstück mit pochiertem Ei — **SO STARTET MAN PROTEINREICH UND GESTÄRKT IN DEN TAG!** Quinoa enthält im Vergleich zu anderen Getreidesorten sehr viel Eiweiss und mehr Eisen als Fleisch, sein Magnesiumgehalt erreicht Spitzenwerte. Optimal ist Quinoa auch, weil es **NUR UNGESÄTTIGTE FETTSÄUREN** liefert und die wertvolle Linolsäure sowie Omega-3-Fettsäuren enthält.

 ZZ: 20-25 MINUTEN

SF: 20-25 MINUTEN

ZUTATEN FÜR 2 PERSONEN:

Salz

125 g Quinoa

2 Eier

125 g Austernpilze

Olivenöl zum Braten

2 Tomaten

1 Avocado

2 Handvoll Spinat

TOPPING:

Dukkah (optional, s. S. 153)

schwarzer Sesam

1. Leicht gesalzenes Wasser für die Quinoa in einem Topf zum Kochen bringen. Quinoa in einem Sieb unter fließendem Wasser so lange waschen, bis das Wasser klar abläuft. Anschließend in das kochende Wasser geben und ca. 10 Minuten köcheln lassen, dann Hitze stark reduzieren und ca. 10 Minuten zugedeckt quellen lassen.

2. Eier nacheinander pochieren: Eierschale am Topfrand aufschlagen und das ganze Ei – ohne das Eigelb zu verletzen – vorsichtig ins heiße Wasser gleiten lassen; ca. 3 Minuten pochieren und mit einem Schaumlöffel herausheben. Durch vorsichtiges Rühren im Wasser kann man das Ei auch in eine schöne Strudelform bringen.

3. Pilze vorsichtig säubern (trocken putzen). Öl in einer Pfanne erhitzen und Pilze darin rundum scharf anbraten und salzen. Tomaten halbieren, Öl in einer Pfanne erhitzen und Tomaten auf der Schnittfläche anbraten. Avocado entkernen und in feine Scheiben schneiden.

4. Alle Zutaten in Schüsseln anrichten, mit Salz und Pfeffer würzen und mit Dukkah und Sesam bestreut servieren.

Tipp: Statt Austernpilzen eignen sich z.B. auch Champignons.

 GF LF VEG

APFEL-MOHN-OMELETTE

ICH LIEBE MOHN, IN AUSSEHEN UND GESCHMACK! IN DER ANTIKE GLAUBTE MAN, DASS MOHN AUS DEN TRÄNEN DER APHRODITE GEWACHSEN SEI, ALS SIE UM ADONIS TRAUERTE.

 ZZ: 25 MINUTEN

SF: 25 MINUTEN

ZUTATEN FÜR 2 PERSONEN:

150 g Mehl

100 g Buchweizenmehl

4 EL Kokosblütenzucker

4 Eier

500 ml Mandelmilch (s. Tipp S. 133)

Mark einer Vanilleschote

½ TL Zimt

3 EL Mohn

1 Prise Salz

2 Äpfel

2 EL Kokosöl

TOPPING:

essbare Blüten

4 EL Mohn

Ahornsirup

1. Beide Mehlsorten mit Kokosblütenzucker in einer Schüssel mischen. Eier trennen. Eigelb mit Mandelmilch verrühren und mit der Mehl-Zucker-Mischung, Vanillemark, Zimt und Mohn zu einem Teig verrühren.

2. Eiweiß mit Salz steif schlagen und unter den Teig heben.

3. Kerngehäuse der Äpfel ausstechen und Äpfel mit der Schale in ca. 0,5 cm dicke Scheiben schneiden.

4. Kokosöl in einer kleinen bis mittelgroßen beschichteten Pfanne erhitzen und Apfelstücke darin andünsten (3 pro Omelette). Portionsweise Teig auf die Apfelringe geben und Omelettes nach und nach immer wieder mit je 3 Apfelringen bei mittlerer Hitze auf beiden Seiten goldig herausbacken.

5. Für das Topping Mohn in einer beschichteten Pfanne ohne Fett rösten. Mohn mit dem Ahornsirup über die Omelette geben, mit Blüten dekorieren und servieren.

 *Saisonal: Diese Omelette schmecken auch mit frischen Beeren oder anderem saisonalem Obst statt Äpfeln herrlich.*

LF   VEG   **Glutenfrei** *bei Verwendung von glutenfreiem Mehl*

AVOCADO-TOAST-BOWL MIT POCHIERTEM EI

SO EINFACH UND SO GUT. Avocado mit einer Gabel auf einem knusprig getoasteten Vollkornbrot verstreichen und schon ist ein herrliches Frühstück gezaubert. Avocados haben den höchsten Fettgehalt aller bekannten Obst- und Gemüsesorten. Auf Grund ihrer OPTIMALEN FETT-ZUSAMMENSETZUNG sind sie jedoch SEHR GESUND. Sie können den Cholesterinspiegel senken, Herz und Gefässe schützen und so das Risiko für Herz- und Kreislauferkrankungen verringern.

ZZ: 15 MINUTEN

SF: 15 MINUTEN

ZUTATEN FÜR 2 PERSONEN:

etwas Essig

Salz

2 Eier

2 Tomaten

2 EL Olivenöl

4 Vollkornbrotscheiben

2 Avocados

2 Radieschen

1 TL Chiliflocken

TOPPING:

2 EL weißer und schwarzer Sesam

Salz

Olivenöl

1. In einem Kochtopf ca. 1 l Wasser mit Essig und ein wenig Salz aufkochen. Kurz bevor das Wasser sprudelt, Hitze reduzieren, sodass es leicht simmert (= Bläschen am Topfboden). Eier nacheinander pochieren: Eierschale am Topfrand aufschlagen und das ganze Ei – ohne das Eigelb zu verletzen – vorsichtig ins heiße Wasser gleiten lassen; ca. 3 Minuten pochieren und mit einem Schaumlöffel herausheben. Durch vorsichtiges Rühren im Wasser kann man die Eier in eine schöne Strudelform bringen.

2. Tomaten halbieren und in Olivenöl braten. Vollkornbrot toasten. Avocados entkernen, schälen und in feine Scheiben schneiden. Radieschen in Scheiben schneiden.

3. Avocados mit einer Gabel über dem Toast zerdrücken. Mit etwas Meersalz salzen, Chiliflocken darüber streuen.

4. Avocado-Toast mit pochiertem Ei, gebratenen Tomatenhälften und Radieschenscheiben in den Schüsseln gleichmäßig anrichten. Leicht salzen, mit weißem und schwarzem Sesam bestreuen, mit etwas Olivenöl beträufeln und servieren.

LF   VEG

Glutenfrei *bei Verwendung von glutenfreiem Brot*

BAGELS-BOWL

Ich liebe Bagels in allen Varianten, von süss bis salzig. Hier eine klassische Version mit Frischkäse, frischem Salat, Lachs usw. **VIEL ZU GUT, UM SIE NUR ZUM FRÜHSTÜCK ZU ESSEN!**

 ZZ: 10 MINUTEN

SF: 15 MINUTEN

ZUTATEN FÜR 2 PERSONEN:

1 große Tomate

2 Radieschen

4 Blätter Lollo bionda

2 Mohn- oder Vollkornbagels

100 g Frischkäse

1 Avocado

100 g Räucherlachs

Salz

TOPPING:

1 EL getrocknete Tomatenflocken

2 EL schwarzer Sesam

Salz

1. Stielansatz von der Tomate entfernen und Tomate in Scheiben schneiden. Radieschen in feine Scheiben schneiden. Salatblätter waschen und trockenschütteln.

2. Avocado halbieren, entkernen und in Scheiben schneiden. Bagels in die Bowl geben und mit Salatblättern, Tomaten-, Avocado- und Radieschenscheiben und Räucherlachs schön anrichten. Mit Sesam garnieren, Tomaten und Radieschen salzen.

3. Frischkäse in kleine Schüsseln geben, mit getrockneten Tomatenflocken bestreuen und zu der Bagels-Bowl servieren.

To go: Dieses Rezept kann man im Büro schnell anrichten. Schmeckt auch in der Mittagspause prima.

Glutenfrei *bei Verwendung von glutenfreien Bagels*

BEEREN-QUARK-CREME-BOWL

QUARK IST EIN SEHR GUTER EIWEISSLIEFERANT. HIER SETZE ICH IHN IN EINER FRÜHSTÜCKS-BOWL EIN, DEREN CREMIGE KONSISTENZ ZUM LÖFFELN — FAST HÄTTE ICH GESAGT: ZUM SCHLÜRFEN — GERADEZU EINLÄDT.

 ZZ: 10 MINUTEN

SF: 15 MINUTEN

ZUTATEN FÜR 2 PERSONEN:

1 Banane

250 g TK-Beeren

200 ml Kokoswasser oder Wasser

3 EL Magerquark

1–2 EL Mandelmus nach Belieben

2 EL Honig oder Ahornsirup

TOPPINGS:

frische Beeren der Saison

6 EL Granola (s. S. 155)

1. Banane schälen, mit den restlichen Bowl-Zutaten in einen Mixer geben und alles gut vermixen, bis eine cremige Konsistenz entsteht.

2. Masse in Schüsseln aufteilen und mit frischen Beeren und Granola garniert servieren.

To go: Frühstücks-Creme-Bowls sind wie Smoothies ideal, um sie schnell zu Hause zu mixen und dann in die Arbeit mitzunehmen (Topping getrennt verpackt transportieren). Falls sich etwas absetzt, einfach kurz schütteln oder durchrühren. Noch besser ist es natürlich, wenn in der Arbeit ein Mixer vorhanden ist, sie direkt vor Ort zu mixen.

Saisonal: Statt frischen Beeren Obst nach Saison verwenden.

VEG

Glutenfrei *bei Verwendung von zertifizierten glutenfreien Haferflocken für das Granola*

BIRCHERMÜSLI-BOWL

DER **FRÜHSTÜCKSKLASSIKER** AUS DER SCHWEIZ — SEHR **BEKÖMMLICH UND LECKER.**
DAS URSPRÜNGLICHE "BIRCHERMUES" WURDE UM 1900 VOM AARGAUER ARZT UND ERNÄHRUNGSREFORMER MAXIMILIAN OSKAR BIRCHER-BENNER ENTWICKELT. DER GRÜNDER DES SANATORIUMS „LEBENDIGE KRAFT" AM ZÜRICHBERG NANNTE SEINE KREATION APFELDIÄTSPEISE ODER EINFACH D SPYS (SCHWEIZERDEUTSCH „DIE SPEISE").

 ZZ: 10 MINUTEN (+ ZIEHZEIT)

SF: 15 MINUTEN

ZUTATEN FÜR 2 PERSONEN:

100 g Haferflocken

200 ml Mandelmilch (s. Tipp S. 133)

35 ml Apfelsaft

2 EL Zitronensaft

1 säuerlicher Apfel

2 EL Honig

125 g Joghurt

TOPPING:

Granola (s. S. 155, optional)

1 Handvoll Heidelbeeren

4 Zweige rote Johannisbeeren

2 Feigen

2 EL Honig

1. Haferflocken, Mandelmilch, Apfelsaft und Zitronensaft in einer Schüssel gemeinsam verrühren und über Nacht in den Kühlschrank stellen.

2. Am nächsten Morgen mit Schale geriebenen Apfel, Honig und Joghurt untermischen.

3. Granola schichtweise mit dem Birchermüsli in eine Bowl geben. Mit Granola abschließen und mit Heidel- und Johannisbeeren und aufgeschnittenen Feigen garniert sowie mit Honig beträufelt servieren.

To go: Dieses Frühstück ist auch ideal, um es mit in die Arbeit zu nehmen oder auf Vorrat zu machen, da man es sowieso über Nacht ziehen lassen muss und am nächsten Morgen mit in die Arbeit nehmen kann.

Saisonal: Früchte der Saison verwenden, im Winter z.B. Bananen, Orangen usw. Für das Topping eignen sich z.B. Granatapfelkerne.

VEG

Glutenfrei *bei Verwendung von zertifizierten glutenfreien Haferflocken*

Vegane und laktosefreie Variante: *pflanzlichen Joghurt und Ahornsirup statt Honig verwenden*

HIRSE-PORRIDGE-BOWL MIT KARAMELLISIERTEN BIRNEN

In alten Märchen essen die Kinder oft Hirsebrei. Dieses Porridge macht Sterntaler und Co fit für Schule oder Büro. **VERFEINERT MIT FRÜCHTEN UND VOLLER VITALSTOFFE** für einen langen Vormittag.

🍳 ZZ: 20 MINUTEN

🍴 SF: 20 MINUTEN

ZUTATEN FÜR 2 PERSONEN:

FÜR DEN BREI:
100 g Naturhirse

450 ml Mandel- oder Kokosmilch

1 kleine Zimtstange

1 Gewürznelke

1 Msp. unbehandelte Zitronenschale

3 EL Honig

1 Prise Salz

2 EL Haselnüsse

FÜR DIE BIRNEN:
3 reife Birnen

Saft einer Zitrone

2 EL Kokosblütenzucker

Mark einer Vanilleschote

TOPPING:
Honig

2 Feigen

2 EL Kornblumenblüten
(nach Belieben)

1. Hirse in einem feinen Sieb mit Wasser abspülen (um bitteren Geschmack zu vermeiden). Milch mit Zimt und Nelke ca. 5 Minuten bei schwacher Hitze köcheln lassen. Gewürze aus der Milch nehmen, Zitronenschale, Hirse, Honig und Salz einrühren. Hirse etwa 10 Minuten quellen lassen (bei Bedarf mehr Flüssigkeit hinzufügen).

2. Kurz vor Kochende Birnen halbieren, Kerngehäuse entfernen und Birnen in Spalten schneiden. In einer Pfanne Zitronensaft, Zucker und Vanillemark erhitzen und Birnenspalten hinzugeben. Ein wenig karamellisieren lassen.

3. Haselnüsse hacken. Hirsebrei noch warm mit den Birnen in den Schüsseln anrichten und mit gehackten Haselnüssen bestreuen. Feigen halbieren und jeweils 2 Hälften auf die Birnenspalten geben. Bowls mit Honig beträufeln und mit Kornblumenblüten garniert servieren.

To go: Lässt sich gut auf Vorrat vorkochen und aufwärmen oder auch kalt essen.

Saisonal: Statt Birnen Früchte der Saison oder Kompott verwenden.

GF   LF   VEG

Vegane Variante:
Ahornsirup statt Honig verwenden

MORGENLAND-FRÜHSTÜCKS-BOWL

Morgenland ist da, wo die Sonne aufgeht. Orientalische und süsse Gewürze **REGEN DIE MAGEN-SÄFTE AN** und geben Energie für den Tag. Eine Bowl, die ich besonders gerne zubereite, wenn ich **GÄSTE ZUM SONNTAGSBRUNCH** einlade.

ZZ: 20–25 MINUTEN

SF: 20–25 MINUTEN

ZUTATEN FÜR 2 PERSONEN:

2 Karotten

150 g Kirschtomaten

1 Mini-Gurke

150 g Schafkäse

150 g Kichererbsen aus der Dose

½ TL Kreuzkümmel

1 TL Kurkuma

5 EL Olivenöl

½ Bund Petersilie

1 Aubergine

Salz

½ Granatapfel

2 Mini-Fladenbrote

2 Feigen

150 g Hummus (s. S. 159)

70 g schwarze Oliven

TOPPING:

2 EL Dukkah (s. S. 153)

2 EL schwarzer Sesam

Olivenöl

1. Enden der Karotten abschneiden, Karotten schälen und mit einem Spiralschneider durch Drehbewegung oder mit einem Julienne-Schäler in dünne Streifen schneiden. Tomaten halbieren. Gurke in feine Scheiben schneiden. Schafkäse in Würfel schneiden.

2. Kichererbsen abgießen, in einer Schüssel mit Kreuzkümmel, Kurkuma und 2 EL Olivenöl marinieren.

3. Petersilie abzupfen und fein hacken. Aubergine in ca. 1 cm große Würfel schneiden. 3 EL Olivenöl in einer Pfanne erhitzen und Auberginenwürfel darin rundum anbraten. Mit Salz sowie gehackter Petersilie würzen.

4. Granatapfelkerne auslösen. Fladenbrote toasten. Feigen halbieren. Alle Zutaten bis auf das Brot in Schüsseln schichten, Hummus mit Dukkah, restliche Zutaten mit schwarzem Sesam bestreuen. Nach Belieben salzen, mit Olivenöl beträufeln. Getoastetes Fladenbrot dazu servieren.

To go: Lässt sich gut vorbereiten und schmeckt auch kalt.

VEG   **Glutenfrei** *bei Verwendung glutenfreier Brote*

Salat-Bowls

Das
LCF
Prinzip

BUNTE SALAT-BOWLS
MACHEN GLÜCKLICH UND SATT ZUGLEICH.
NOCH DAZU LASSEN SICH DIE
MEISTEN RECHT SCHNELL
UND UNKOMPLIZIERT ZUBEREITEN.
MUSS MAN AUSPROBIERT HABEN!

BUNTE GEMÜSE-BOWL MIT QUINOA UND SÜSSKARTOFFELN

EIN BUNTER TELLER BEDEUTET NICHT NUR EIN OPTISCH ANSPRECHENDES GERICHT, SONDERN MEIST AUCH EINE **GEBALLTE LADUNG AN VITAMINEN.** DIESE BUNTE BOWL VERSORGT UNS MIT DEN WICHTIGSTEN NÄHRSTOFFEN FÜR DEN TAG. BROKKOLI ZÄHLT ZU DEN **HEIMISCHEN SUPERFOODS.** DIE GRÜNE FARBE BEKOMMT ER VON SEINEM HOHEN GEHALT AN MAGNESIUM, DAS BESONDERS FÜR UNSEREN STOFFWECHSEL, UNSERE MUSKELN UND DAS HERZ WICHTIG IST.

 ZZ: 40 MINUTEN

SF: 40 MINUTEN

ZUTATEN FÜR 2 PERSONEN:

1 Süßkartoffel

5–6 EL Olivenöl

1–2 TL Honig

Salz

2 EL Sesam

150 g Kirschtomaten

2 EL Olivenöl

150 g Quinoa

¼ Brokkoli

¼ Blumenkohl

200 g Rosenkohl

125 g TK-Sojabohnen

1 Avocado

TOPPING:

Olivenöl

schwarzer Sesam

1. Backofen auf 200 °C Ober-/Unterhitze (180 °C Umluft) vorheizen. Süßkartoffel schälen und in ca. 1 cm große Würfel schneiden. Auf ein mit Backpapier belegtes Backblech geben, mit der Hälfte des Olivenöls und Honig beträufeln, salzen und mit Sesam bestreuen und im vorgeheizten Ofen ca. 30–35 Minuten garen.

2. Kirschtomaten waschen, halbieren und ca. 15 Minuten vor Garende der Süßkartoffeln mit dem restlichen Olivenöl und Salz in den Ofen geben.

3. Während die Kartoffelwürfel garen, leicht gesalzenes Wasser zum Kochen bringen. Sobald das Wasser kocht, Quinoa hinzugeben und 15 Minuten leicht köcheln lassen, bis das Wasser ganz aufgenommen wurde. Gelegentlich umrühren.

4. Leicht gesalzenes Wasser zum Kochen bringen. Brokkoli und Blumenkohl in Röschen teilen. Beides mit dem Rosenkohl und den Sojabohnen in das kochende Wasser geben und für ca. 4 Minuten garen. Anschließend kurz abschrecken.

5. Avocado halbieren, entkernen und in Scheiben schneiden. Quinoa mit Avocado, Gemüse und Sojabohnen in Bowls aufteilen, bei Bedarf salzen. Mit Olivenöl beträufeln und mit schwarzem Sesam garniert servieren.

Tipp: Dazu passt gut Joghurtsauce (s. S. 161).

GF LF VEG

Vegane Variante: *Ahornsirup statt Honig verwenden*

BUNTE PARADIES-BOWL

Ich muss gestehen, dass ich Bowls manchmal nach Farben zusammenstelle, bevor ich mir Gedanken über den Geschmack mache. Bei dieser Bowl war es so. Es fühlt sich beinahe an wie Malen mit Zutaten — Farben kombinieren und dabei eine **NEUE GESCHMACKSWELT KREIEREN.** All dies beinhaltet diese wunderschöne Bowl, die uns erstrahlen lässt.

 ZZ: 25 MINUTEN

SF: 25 MINUTEN

ZUTATEN FÜR 2 PERSONEN:

1 Zucchini

2 Chioggia-Rüben

260 g Kichererbsen aus der Dose

1 Avocado

2 Karotten

1 Mini-Gurke

2 Handvoll Baby-Spinat

2 Radieschen

Salz

200 g TK-Sojabohnen

DRESSING:

1 Knoblauchzehe

Saft einer halben Zitrone

4 EL Olivenöl

2 EL weißer Balsamicoessig

1 EL Dijonsenf

2 TL Honig

Salz, Pfeffer

TOPPING:

essbare Blüten

1. Enden der Zucchini abschneiden und Zucchini mit einem Spiralschneider durch Drehbewegung oder mit einem Julienne-Schäler in dünne Streifen schneiden.

2. Rüben schälen und in feine Scheiben schneiden. Kichererbsen abgießen. Avocado schälen, entkernen und in feine Scheiben schneiden. Karotten mit einem Sparschäler in feine Raspeln schneiden. Gurke in feine Scheiben schneiden. Spinat waschen und trockenschleudern. Radieschen achteln.

3. Leicht gesalzenes Wasser für die Sojabohnen zum Kochen bringen und Sojabohnen darin für ca. 4 Minuten garen, anschließend kalt abschrecken.

4. Für das Dressing Knoblauch schälen und fein hacken. Aus Zitronensaft, Olivenöl, Essig, Senf, Honig, Salz, Pfeffer und Knoblauch ein Dressing herstellen.

5. Alle Bowl-Zutaten farblich arrangiert in Schüsseln anrichten, mit Dressing beträufeln und mit essbaren Blüten garniert servieren.

To go: Die Zutaten kann man am Vortag bereits schneiden und zu einem Salat mischen. Wenn man den Salat ins Büro mitnehmen will, Dressing und Topping getrennt transportieren und Salat frisch marinieren.

LF   VEG

Glutenfrei *bei Verwendung von glutenfreiem Senf*

Vegane Variante: *Ahornsirup statt Honig verwenden*

MELONEN-BOWL MIT MINZE UND FETA

Dieser Salat ist mein erfrischender Sommerschatz. Er ist einfach und schnell zubereitet, überrascht jeden Gast aufs Neue, ist extrem **KÖSTLICH** und vor allem **ERFRISCHEND.** Wassermelonen sind ein idealer Sommergenuss, da sie, wie der Name schon sagt, zu 95 % aus Wasser bestehen. Zudem versorgen sie uns mit **VIEL VITAMIN A UND C** sowie **EISEN.**

 ZZ: 20 MINUTEN

SF: 20 MINUTEN

ZUTATEN FÜR 2 PERSONEN:

½ Zuckermelone

½ Mini-Wassermelone
oder ¼ Wassermelone

150 g Feta

80 g schwarze Oliven

3 EL Olivenöl

2 EL weißer Balsamicoessig

Salz

bunter Pfeffer

TOPPING:

½ Bund Minze

1. Mittels eines Eiskugelportionierers kleine Kugeln aus den Melonen ausstechen. Feta in Würfel schneiden. Melonenkugeln mit Feta und Oliven mischen.

2. Mit Olivenöl, Balsamicoessig, Salz und buntem Pfeffer marinieren. In Schüsseln anrichten.

3. Blätter der Minze abziehen und fein hacken. Minze über den Salat geben und servieren.

To go: Lässt sich gut vorbereiten (Dressing extra transportieren und erst vor dem Essen über die Melone geben).

 GF VEG

PFIRSICH-SALAT-BOWL MIT KURKUMA-HUHN

WAS FÜR EINE KOMBI — DER SAFTIG-SÜSSE PFIRSICH TRIFFT AUF DAS GESUNDE GEWÜRZ KURKUMA. OBST IM SALAT IST IMMER EINE GUTE IDEE. PFIRSICH BESTICHT NICHT NUR DURCH SEIN **AROMA,** SONDERN AUCH MIT SEINER ZARTEN HAUT. PFIRSICHE STÄRKEN DURCH DIE IN IHNEN ENTHALTENEN PFLANZENSTOFFE UNSERE ZELLEN. UND KURKUMA? DAS IST **EIN BELIEBTES HAUSMITTEL** BEI GRIPPE UND STÄRKT UNSER IMMUNSYSTEM.

 ZZ: 30 MINUTEN

 SF: 30 MINUTEN

ZUTATEN FÜR 2 PERSONEN:

2 Hühnerbrustfilets à 150 g

Salz

1 EL Kurkuma

2 EL Olivenöl

4 Pfirsiche

je 1 Handvoll Rucola und Blattspinat

2 Vollkornbrotscheiben

Olivenöl zum Braten

1 rote Zwiebel

DRESSING:

3 EL Olivenöl

2 EL Balsamicoessig

1 TL Honig

Salz, bunter Pfeffer

TOPPING:

40 g Pinienkerne

80 g Ziegenfrischkäse

1. Filets waschen, trockentupfen, in dünne Scheiben schneiden und salzen. In einer Schüssel Kurkuma und Olivenöl mischen und Filets darin ca. 5–10 Minuten marinieren

2. Pfirsiche entkernen und achteln. In der Zwischenzeit Salat waschen und trockenschleudern.

3. Aus Olivenöl, Balsamicoessig, Honig, Salz und buntem Pfeffer ein Dressing herstellen.

4. Olivenöl in einer beschichteten Pfanne erhitzen. Vollkornbrotscheiben in Würfel schneiden, im Öl rundum knusprig braten und salzen. Zwiebel schälen und in feine Scheiben schneiden.

5. Pinienkerne ohne Fett in einer Pfanne rösten und zur Seite stellen. Olivenöl in einer Pfanne erhitzen und Filetstücke sowie Pfirsiche darin rundum für ca. 5 Minuten anbraten.

6. Salat mit den Zwiebelringen in Schüsseln geben und Dressing darüber träufeln. Filet- und Pfirsichstücke sowie Croûtons darüber geben und mit Pinienkernen und Ziegenfrischkäse garniert servieren.

 Saisonal: Statt Pfirsichen kann man auch karamellisierte Äpfel verwenden.

RADICCHIO-CHICORÉE-GRAPEFRUIT-BOWL MIT ZITRUSFRÜCHTEN UND ZIEGENFRISCHKÄSE

Seine rote Farbe erhält Radicchio durch Anthocyane, die unseren Körper vor freien Radikalen schützen. Die in ihnen enthaltenen Bitterstoffe **REGEN APPETIT UND STOFFWECHSEL AN.** In Radicchio stecken zudem viele Vitamine und Mineralstoffe. Chicorée enthält Vitamin A, B1, B2 und C sowie Betacarotin, Folsäure und die Mineralstoffe Calcium, Kalium, Magnesium sowie Phosphor.

 ZZ: 20 MINUTEN

SF: 20 MINUTEN

ZUTATEN FÜR 2 PERSONEN:

2 mittelgroße Radicchio di Treviso

2 Chicorée

1 Orange

1 Grapefruit

1 große gekochte Rote Bete

DRESSING:

3 EL Walnussöl oder Olivenöl

2 EL Balsamicoessig oder Balsamicocreme

Saft einer halben Orange

1 EL Honig

Salz, Pfeffer

TOPPING:

2 EL Mohn

100 g Ziegenfrischkäse

2 EL Walnüsse

Kresse

1. Radicchio und Chicorée waschen und trockenschütteln. Orange und Grapefruit filetieren und in dünne Scheiben schneiden. Rote Bete ebenfalls in feine Scheiben schneiden (am besten mit Handschuhen arbeiten, da sie stark färben). Zutaten gleichmäßig in Schüsseln aufteilen.

2. Für das Dressing alle Zutaten gut verrühren und über den Salat in den Bowls geben.

3. Mohn in einer Pfanne ohne Fett kurz rösten. Ziegenfrischkäse über dem Salat verteilen und Mohn darüber streuen. Mit Walnüssen und Kresse garniert servieren.

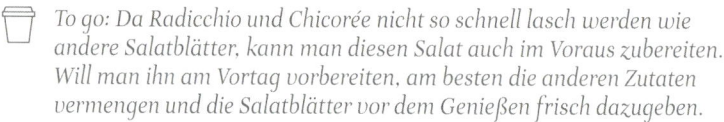

To go: Da Radicchio und Chicorée nicht so schnell lasch werden wie andere Salatblätter, kann man diesen Salat auch im Voraus zubereiten. Will man ihn am Vortag vorbereiten, am besten die anderen Zutaten vermengen und die Salatblätter vor dem Genießen frisch dazugeben.

 GF   **VEG**

FENCHEL-ORANGEN-SALAT-BOWL

ERFRISCHEND GUT IST DIESE FENCHEL-ORANGEN-KOMBINATION UND REICH AN VITAMIN C. FENCHEL ENTHÄLT BESONDERS VIEL VITAMINE UND MINERALSTOFFE. BEREITS EINE PORTION VON 200 GRAMM DECKT UNGEFÄHR EIN VIERTEL DES TAGESBEDARFS AN CALCIUM. NICHT ZU KURZ KOMMEN AUCH DIE VITAMINE A, K UND E SOWIE BETA-CAROTIN UND FOLSÄURE.

ZZ: 10–15 MINUTEN

SF: 10–15 MINUTEN

ZUTATEN FÜR 2 PERSONEN:

1 große Fenchelknolle

2 Orangen

1 rote Zwiebel

DRESSING:

2 EL bestes Olivenöl oder Walnussöl

3 EL Balsamicoessig

Salz, Pfeffer

TOPPING:

Fenchelgrün

Minze

1. Fenchel waschen, halbieren, vom Strunk befreien und Stiele klein schneiden. Den restlichen Fenchel in Streifen schneiden. 1 Orange schälen und in Scheiben schneiden. Bei der anderen die eine Hälfte auspressen, die andere Hälfte schälen und ebenfalls in Scheiben schneiden.

2. Zwiebel schälen und in Ringe schneiden. Fenchel in einer Schüssel mit Orangen und ⅔ der Zwiebelringe vermischen.

3. Mit Orangensaft, Olivenöl, Essig, Salz und Pfeffer marinieren. In Schüsseln anrichten, restliche Zwiebelringe dazu reichen. Mit gehacktem Fenchelgrün und Minze garniert servieren.

Tipps: Blutorangen passen sehr gut für diesen Salat – sie machen sich auch optisch sehr gut.
Walnüsse sind eine ideale Ergänzung.

To go: Der Salat lässt sich gut ins Büro mitnehmen, denn er schmeckt auch durchgezogen sehr gut.

 GF
 LF
 VG

RADICCHIO-SALAT MIT TRAUBEN UND WALNÜSSEN

In diesem Salat mag ich vor allem die verschiedenen **BITTERGESCHMACKSSTOFFE.** Trauben stecken voller **BALLASTSTOFFE,** die unser Immunsystem stärken und unseren Körper reinigen. Dieser Salat ist sehr reich an Vitaminen und Antioxidantien.

 ZZ: 20 MINUTEN

SF: 20 MINUTEN

ZUTATEN FÜR 2 PERSONEN:

120 g Naturhirse

Salz

2 mittelgroße Radicchio di Treviso

100 g kernlose weiße Trauben

100 g kernlose blaue Trauben

DRESSING:

3 EL Traubenkernöl

2 EL Balsamicocreme

Salz, Pfeffer

1 TL scharfer Senf

2 TL Honig

TOPPING:

1 Handvoll Walnüsse

1. Wasser für die Hirse mit etwas Salz in einem Topf zum Kochen bringen. Hirse in ein feines Sieb schütten und so lange mit heißem Wasser abspülen, bis das Wasser klar bleibt. Anschließend gut abtropfen lassen. In das kochende Wasser geben und bei mittlerer bis erhöhter Hitze ca. 5 Minuten kochen.

2. 10 Minuten ausquellen lassen (je nach Produkt muss man Hirse evtl. länger kochen – bitte Packung beachten).

3. Radicchio waschen und trockenschütteln. Trauben waschen und halbieren. Hirse auskühlen lassen. Aus Traubenkernöl, Balsamicocreme, Salz, Pfeffer, Senf und Honig ein Dressing herstellen.

4. Radicchio, Hirse und Trauben in Schüsseln geben, mit Dressing beträufeln, mit Walnüssen garnieren und servieren.

LF VEG

Glutenfrei *bei Verwendung von glutenfreiem Senf*

Vegane Variante: *Ahornsirup statt Honig verwenden*

NÄHRSTOFFDICHTE

Die Nährstoffdichte eines Lebensmittels ist ein entscheidender Faktor für LCF. Mit dem Begriff Nährstoffdichte wird das **VERHÄLTNIS VON MAKRO- ZU MIKRONÄHRSTOFFEN,** vereinfacht gesagt das Verhältnis von Mikronährstoffen zu Kalorien, bezeichnet.

Makronährstoffe sind die drei Energielieferanten Eiweiß, Fett und Kohlenhydrate (s. S. 92). Mikronährstoffe versorgen uns mit Vitaminen, Mineralstoffen sowie Spurenelementen. Zu den Mikronährstoffen gehören unter anderem organische Säuren, Antioxidantien und sekundäre Pflanzenstoffe (s. S. 95).

Das Verhältnis von Makro- zu Mikronährstoffen und damit die Nährstoffdichte eines Lebensmittels kann sehr unterschiedlich sein. Käse beispielsweise hat viele Kalorien und wenig Nährstoffe, also eine geringe Nährstoffdichte. Eine hohe Nährstoffdichte zeichnet Lebensmittel mit wenig Kalorien und vielen Nährstoffen aus, z.B. viele Gemüse und vor allem auch Beeren.

Hat ein Lebensmittel eine hohe Nährstoffdichte, so hält es bei geringerer Kalorienmenge länger satt als nährstoffarme Lebensmittel. Isst man regelmäßig nährstoffreiche Speisen, lässt auch der Heißhunger nach. Ich verwende viel frisches Gemüse und auch Obst, hochwertige, nährstoffreiche Lebensmittel wie Heidelbeeren oder Rote Bete, Walnüsse und Knoblauch. Zu den LCF-Basics zählen außerdem hochwertige Öle und Fette, natürliche Süßstoffe wie Ahornsirup oder Kokosblütenzucker, schnell kochende Getreidesorten und Alternativen wie Quinoa oder Hirse und pflanzliche Milchsorten wie Mandel- oder Reismilch.

Ingwer ist ebenfalls eine ideale LCF-Zutat. Er wärmt uns von innen, stärkt unser Immunsystem, wirkt antibakteriell, macht uns leistungsfähiger und kurbelt unsere Verdauung an. Wie Vanille und Kardamom, die harmonisierend wirken, soll Ingwer auch Einfluss auf unsere Libido haben.

DIE ERNÄHRUNGSPYRAMIDE

Eine **GUTE ORIENTIERUNG** für eine vollwertige, d.h. gesunde und ausgewogene, Ernährung bietet die sogenannte Ernährungspyramide, ergänzt je nach spezifischen Bedürfnissen und speziellen Ernährungstypen.

Sie zeigt sehr anschaulich, welche Lebensmittel wir in welchen Mengen verzehren sollten: Neben ausreichend Flüssigkeiten bilden Vollkornprodukte wie Naturreis, Vollkornbrot und Vollkornnudeln zusammen mit pflanzlichen Ölen die Basis. Von diesen Lebensmitteln sollten wir reichlich konsumieren. Dasselbe trifft auf Gemüse zu. Etwas geringer darf der Konsum von Obst, Hülsenfrüchten und Kartoffeln ausfallen, gefolgt von Fisch, Geflügel, Eiern und Milchprodukten. Den geringsten Anteil sollten Butter und Fleisch sowie Süßes und Weißmehlprodukte ausmachen.

Ganz wesentlich für die LCF-Küche ist es, bei allen Lebensmitteln die Nährstoffdichte (s. oben) zu berücksichtigen. Und bei der Lebensmittel-Verarbeitung sollte man darauf achten, dass der Mineralstoff- und Vitamingehalt durch schonende Zubereitungsformen möglichst erhalten bleibt.

SPARSAM

ROTES FLEISCH, BUTTER

SÜSSES, WEIZENMEHL-PRODUKTE

MÄSSIG

MILCHPRODUKTE

FISCH, GEFLÜGEL, EIER

NÜSSE, HÜLSENFRÜCHTE, KARTOFFELN

REICHLICH

OBST

GEMÜSE

VOLLKORNPRODUKTE   **PFLANZLICHE ÖLE**

TÄGLICH 1,5–2 L WASSER ODER KALORIENARME FLÜSSIGKEIT

TÄGLICH MINDESTENS 30 MINUTEN MODERATE KÖRPERLICHE AKTIVITÄTEN

SPARGEL-ERDBEER-BOWL

EINE SCHÜSSEL VOLLER FRÜHLING — MIT DIESER BOWL KOMMEN FRÜHLINGSGEFÜHLE AUF. SPARGEL IST NICHT NUR KÖSTLICH UND VIELSEITIG EINSETZBAR, SONDERN AUCH AUSSERORDENTLICH GESUND. ER IST SEHR KALORIENARM UND ENTHÄLT VIELE MINERALSTOFFE, VOR ALLEM KALIUM, SOWIE CALCIUM, MAGNESIUM, PHOSPHOR UND EISEN. **ERDBEEREN** LIEFERN **ERSTAUNLICH VIEL VITAMIN C** — MEHR ALS ZITRUSFRÜCHTE.

ZZ: 15 MINUTEN

SF: 15 MINUTEN

ZUTATEN FÜR 2 PERSONEN:

500 g grüner Spargel

200 g Erdbeeren

2 Handvoll Rucola

DRESSING:

3 EL Balsamicoessig

2 EL Olivenöl

Salz, Pfeffer

TOPPING:

2 EL Pinienkerne

1. Spargel waschen, holzige Enden knapp abschneiden und das untere Drittel der Stangen schälen. Nach und nach mit einem Sparschäler die Stangen in feine, dünne Raspel schälen. In die Schüsseln geben.

2. Erdbeeren waschen und vierteln. Rucola waschen und trockenschütteln. Beides ebenfalls in die Schüsseln geben. Aus Balsamicoessig, Olivenöl, Salz und Pfeffer ein Dressing herstellen und darüber träufeln.

3. Pinienkerne ohne Fett in einer Pfanne rösten. Salat mit Pinienkernen bestreuen.

Tipps: Ziegenfrischkäse passt sehr gut dazu.
Mit Spargelspitzen dekorieren.

To go: Lässt sich gut am Vortag vorbereiten und am nächsten Tag mit in die Arbeit nehmen (Dressing getrennt transportieren) oder auch im Büro zubereiten, am schnellsten mit bereits geschältem Spargel.

GF LF VG

VITAMIN-
BOOSTER

BUNTE KRAUTSALAT-BOWL MIT AVOCADO

Ganz schön **BUNT UND KNACKIG** ist dieser Salat, der am besten schmeckt, wenn man den Kohl über Nacht mit dem Dressing ziehen lässt. Rotkohl verdankt seine Färbung **ANTHOCYANEN,** die sich auch in roten Beeren und Rotwein finden. Sie haben eine antioxidative Wirkung — als Radikalfänger — und können **ENTZÜNDUNGEN ENTGEGENWIRKEN.** Beim Kochen verliert Kohl oft seine intensive Farbe; um sie zu bewahren, kann man etwas Essig oder Zitronensäure zugeben.

ZZ: 20–25 MINUTEN

SF: 20–25 MINUTEN

ZUTATEN FÜR 2 PERSONEN:

FÜR DEN KRAUTSALAT:

¼ Weißkohl

¼ Rotkohl

1 Paprikaschote

1 Karotte

1 Apfel

1 Avocado

DRESSING:

1 Stück frischer Ingwer

1 Knoblauchzehe

1 Limette

3 EL Reisessig

3 EL Olivenöl

3 EL Erdnussbutter oder Tahini

2 EL Sojasauce

1 EL Kokosblütenzucker

TOPPING:

schwarzer Sesam

1. Für das Dressing Ingwer und Knoblauch schälen, fein hacken und in eine Schüssel geben. Restliche Dressingzutaten hinzugeben und alles gut vermengen.

2. Weiß- und Rotkohl vom Strunk und äußeren Blättern befreien, in feine Scheiben schneiden. Paprika halbieren, entkernen und in dünne Stifte schneiden. Karotte schälen und ebenfalls in dünne Stifte schneiden. Apfel entkernen, in sehr dünne Scheiben schneiden und diese nochmal halbieren. Avocado schälen, entkernen und in feine Scheiben schneiden.

3. Alle Zutaten in Schüsseln aufteilen, mit Dressing beträufeln und mit Sesam garniert servieren.

Tipp: Schmeckt am besten, wenn man das Dressing ein paar Stunden oder über Nacht ziehen lässt – Avocado dann erst frisch zum Salat geben.

To go: Da dieser Salat besser schmeckt, wenn man ihn über Nacht im Dressing ziehen lässt, ist er ideal, um ihn am Vortag vorzubereiten.

LF   VG

Glutenfrei *bei Verwendung von Tamari bzw. glutenfreier Sojasauce*

LINSEN-SALAT-BOWL MIT GESTREIFTEN RÜBEN UND FELDSALAT

CHIOGGIA – DIE GESTREIFTEN RÜBEN — HABEN ES MIR ANGETAN. WIEDER EINMAL EIN BEWEIS, WIE SINNLICH DIE NATUR IST UND WAS FÜR WUNDERSCHÖNE DINGE SIE ERSCHAFFEN KANN. DIESER SALAT IST IM HANDUMDREHEN FERTIG UND EIN WAHRER AUGENSCHMAUS. CHIOGGIA STECKEN VOLLER EISEN, CALCIUM, MAGNESIUM UND VITAMIN A.

 ZZ: 15 MINUTEN

 SF: 15 MINUTEN

ZUTATEN FÜR 2 PERSONEN:

2 gekochte Rote Bete

1 Handvoll Feldsalat

265 g braune Linsen aus der Dose

Saft einer halben Zitrone

3 EL Olivenöl

2 EL Weißweinessig

Salz, Pfeffer

2 Chioggia-Rüben

TOPPING:

40 g Kürbiskerne

rote Zwiebel

1. Rote Bete schälen und achteln. Feldsalat waschen und trockenschütteln.

2. Linsen abgießen und in eine Salatschüssel geben. Mit Feldsalat und Roten Beten mischen. Aus Zitronensaft, Olivenöl, Weißweinessig, Salz und Pfeffer ein Dressing herstellen.

3. Chioggia-Rüben schälen, in feine Scheiben schneiden und zum Salat geben. Dressing über den Salat verteilen, Salat in Schüsseln aufteilen. Zwiebel schneiden, Kürbiskerne ohne Fett in einer Pfanne rösten und Bowls mit Kernen und Zwiebel garnieren.

Tipp: Dazu passen Birnen oder Ziegenfrischkäse.

 To go: Perfekt für die schnelle Küche in der Mittagspause geeignet!

GF **LF** **VG**

Gourmet-Bowls

SCHLEMMEN AUS DER SCHÜSSEL
IST DOPPELTER GENUSS.
BESTENS AUCH GEEIGNET, WENN
MAN LIEBE GÄSTE MIT ETWAS
BESONDEREM VERWÖHNEN WILL
– ODER AUCH SICH SELBST.

ASIATISCHE LACHS-BOWL MIT ROMANESCO UND NUSSKROKANT

Lachs hat jede Menge Omega-3-Fettsäuren zu bieten — **EIN IMMUNBOOSTER ERSTER KLASSE.** Die asiatische Variante ist ein raffinierter Leckerbissen, der mit feiner Schärfe und Frische überzeugt.

 ZZ: 30 MINUTEN

SF: 30 MINUTEN

ZUTATEN FÜR 2 PERSONEN:

Salz

½ kleiner Romanesco

150 g Reis-Couscous

200 g Spinat

1 Knoblauchzehe

1 Schalotte oder ½ Zwiebel

4 EL Butter

2 Lachsstücke à 180 g

2 EL Sesamöl

1 Limette

2 EL eingelegter rosa Ingwer (Gari)

TOPPING:

getrocknete Meeresalgen

Sesam

Nusskrokant (s. S. 153)

DAS GESCHMACKS-ERLEBNIS

1. Leicht gesalzenes Wasser in einem Topf für den Romanesco und in einem weiteren Topf für den Reis-Couscous (Menge 1:1) zum Kochen bringen.

2. Währenddessen Spinat waschen und trockenschütteln. Knoblauch und Schalotte schälen und beides fein hacken. Ein Drittel der Butter in einem kleinen Topf zergehen lassen, Knoblauch sowie Schalotte darin anschwitzen. Spinat noch leicht feucht hinzugeben und bei mittlerer Hitze etwa 5 Minuten köcheln, bis der Spinat zusammengefallen ist.

3. Romanesco in das kochende Wasser geben und ca. 3 Minuten blanchieren. Abgießen und in ⅓ der Butter schwenken und salzen. Reis-Couscous ebenfalls in das kochende Wasser geben, Topf vom Herd ziehen und Reis-Couscous ca. 5 Minuten im heißen Wasser quellen lassen. Restliche Butter hinzugeben und leicht salzen.

4. Lachs waschen und trockentupfen. Sesamöl in einer Pfanne erhitzen und Lachs darin rundum ganz kurz anbraten, so dass er innen noch roh ist.

5. Limette achteln. Lachs mit Spinat, Romanesco, Gari und Limetten in den Bowls anrichten und mit Sesam und Meeresalgen sowie Nusskrokant bestreut servieren.

Tipps: Schmeckt auch mit Brokkoli oder Blumenkohl statt Romanesco sehr gut.
Statt Reis-Couscous kann man auch Reis oder Quinoa verwenden.
Das asiatische Dressing (s. S. 158) oder ein bisschen selbstgemachte Mayonnaise passen gut dazu. Eine schnellere und einfachere Variante ist, einfach etwas Sojasauce, Sesamöl und Reisweinessig darüber zu träufeln. Mit etwas Birne schmeckt die Bowl herrlich erfrischend.

GF

HÜHNERFLÜGEL-BOWL MIT GRANATAPFEL UND GURKEN-MANGOLD-SALSA

Eine meiner Lieblingsbowls zu jeder Jahreszeit. Fruchtig-herber Granatapfel und die erfrischende Salsa machen die knusprigen Hühnerflügel besonders lecker. Ein Gericht, das ich in New York kennengelernt und in einigen Versuchen nachgekocht habe. Jetzt ist die Zeit reif, dieses **GESCHMACKSERLEBNIS** zu teilen.

 ZZ: 30 MINUTEN

SF: 30 MINUTEN

4 Hühnerflügel

je ½ Gurke und Granatapfel

4 große Mangoldblätter

Abrieb einer halben unbehandelten Zitrone

200 g Couscous

FÜR DIE MARINADE:

1 Knoblauchzehe

4 EL Sojasauce

4 EL Olivenöl

2 EL Honig

1 EL Paprikapulver edelsüß

1 Msp. Chilipulver

Salz, Pfeffer

1 EL Kreuzkümmel

DRESSING:

1 Knoblauchzehe

1 Handvoll Minze

je 3 EL heller Reisessig und Sesamöl

2 EL Sojasauce

TOPPING:

Zesten einer halben unbehandelten Zitrone

Minze, Spinat

1. Backofen auf 180 °C Ober-/Unterhitze (160 °C Umluft) vorheizen. Für die Marinade Knoblauch schälen und hacken. Alle Marinadezutaten in einer Schüssel vermischen und die Hühnerflügel darin marinieren.

2. Flügel auf ein mit Backpapier belegtes Blech geben und im vorgeheizten Ofen ca. 25–30 Minuten braten.

3. Gurke in Würfel schneiden. Granatapfelkerne auslösen. Mangold waschen und sehr dünn schneiden. Gurke, Granatapfelkerne, Mangold und Zitronenschale in einer Schüssel mischen.

4. Für das Dressing Knoblauch schälen und fein hacken. Minze abzupfen und fein hacken. Aus Reisessig, Sesamöl, Sojasauce, Minze und Knoblauch ein Dressing herstellen und den Salat damit marinieren.

5. Kochendes Wasser im Verhältnis 1:1 zum Couscous geben, Couscous ca. 5–10 Minuten quellen lassen.

6. Couscous und Salat auf Schüsseln aufteilen, mit Hühnerflügeln anrichten. Mit Zesten, Minze und Spinat dekoriert servieren.

To go: Diese Bowl kann man auch am Vorabend zubereiten und die Flügel kalt mit Salat und Couscous genießen.

Glutenfrei *bei Verwendung von Tamari bzw. glutenfreier Sojasauce und Reis-Couscous*

SCHWARZER-REIS-BOWL MIT SÜSSKARTOFFELN UND SEIDENTOFU

Vegane Bowl mit allem Drum und Dran: Macht richtig schön satt und versorgt mit **VIELEN VITAMINEN UND MINERALSTOFFEN**. Eine etwas ungewöhnliche Bowl, aber ein echtes Geschmackshighlight.

 ZZ: 40 MINUTEN

SF: 40 MINUTEN

ZUTATEN FÜR 2 PERSONEN:

1 Süßkartoffel

2–3 EL Olivenöl

1–2 TL Honig

Salz

2 EL Sesam

100 g schwarzer Reis

200 g TK-Sojabohnen

1 Minigurke

125 g Austernpilze

2 EL Erdnuss- oder Sesamöl

200 g Seidentofu

100 g frische Mungobohnensprossen

DRESSING:

2 EL Sojasauce

2 EL Honig

2 EL Reisessig

3 EL Sesamöl

TOPPING:

2 EL schwarzer Sesam

2 EL Bonitoflocken

I. Backofen auf 200 °C Ober-/Unterhitze (180 °C Umluft) vorheizen. Süßkartoffel schälen und in dünne Scheiben schneiden. Auf ein mit Backpapier belegtes Backblech geben, mit Olivenöl und Honig beträufeln, salzen und mit Sesam bestreuen und im vorgeheizten Ofen ca. 30–35 Minuten garen.

2. Währenddessen einen Topf mit 250 ml leicht gesalzenem Wasser für den Reis zum Kochen bringen. Reis in das Wasser geben, kurz aufkochen lassen und Hitze reduzieren. Reis mit geschlossenem Deckel bei niedriger Hitze ca. 30–40 Minuten weiterkochen, bis das Wasser vollständig aufgesogen ist und der Reis gar ist.

3. Leicht gesalzenes Wasser für die Sojabohnen zum Kochen bringen und Sojabohnen darin für ca. 4 Minuten garen, anschließend kalt abschrecken. Gurke in Scheiben schneiden. Pilze vorsichtig säubern. Öl in einer Pfanne erhitzen, Pilze darin rundum scharf anbraten und salzen.

4. Für das Dressing Sojasauce, Honig und Reisessig in einem kleinen Topf unter Rühren erhitzen.

5. Seidentofu in Würfel schneiden. Süßkartoffelscheiben aus dem Ofen nehmen und mit Sojabohnen, Mungobohnensprossen, Austernpilzen, Reis, Seidentofu und Gurkenscheiben in Schüsseln schichten. Dressing darüber geben und mit Sesamöl beträufeln. Mit schwarzem Sesam und Bonitoflocken garnieren und servieren.

Tipps: Statt Seidentofu kann man auch normalen Tofu nehmen.
Schmeckt auch herrlich mit Lachs in einer Sojasauce mit Sesam.

LF

Glutenfrei *bei Verwendung von Tamari bzw. glutenfreier Sojasauce*

Vegane Variante: *Ahornsirup statt Honig und getrocknete Algen statt Bonitoflocken verwenden*

ERDNUSS-TOFU-REIS-BOWL

Schmeckt nussig und leicht süsslich und **STILLT JEDEN HEISSHUNGER PERFEKT.** Diese Bowl lebt vor allem von der herrlich cremigen Erdnusssauce.

 ZZ: 45 MINUTEN

SF: 45 MINUTEN

ZUTATEN FÜR 2 PERSONEN:

FÜR DEN PILAF-REIS:

1 Zwiebel

je 1 EL Butter und Olivenöl

2 EL Kurkuma

1 Msp. Kardamom

25 g Rosinen

200 g Basmatireis

Salz, Pfeffer

FÜR DIE BOWL:

200 g Naturtofu

2 EL Sesamöl

2 Karotten

125 g Kirschtomaten

½ Granatapfel

250 g Tsatsiki (s. S. 158)

FÜR DIE ERDNUSSSAUCE:

40 g geröstete, ungesalzene Erdnüsse

Saft einer halben Limette

1 EL gelbe Currypaste

2 EL Sojasauce

1 TL Erdnussöl

ca. 180 ml Kokosmilch

1 TL Kokosblütenzucker

Salz

TOPPING:

2 EL Pistazien

schwarzer und weißer Sesam

1. Zwiebel schälen und fein hacken. Butter und Olivenöl in einer Pfanne erhitzen, Zwiebel, Kurkuma und Kardamom hinzugeben und kurz anrösten. Rosinen und Reis hinzugeben und 1 weitere Minute anrösten. Mit Salz und Pfeffer würzen und nach und nach mit 400 ml Wasser aufgießen, bis der Reis gar ist (ca. 15 Minuten, wie bei Risotto).

2. Tofu in Würfel schneiden und in Sesamöl rundum anbraten. Auf kleine Holzspieße stecken. Erdnüsse sehr klein hacken und in einen Topf geben. Limettensaft, Currypaste, Sojasauce, Öl, 2 EL Wasser sowie Kokosmilch hinzugeben und alles gut verrühren. Mit Zucker und Salz abschmecken und bei mittlerer Hitze ca. 10 Minuten köcheln.

3. Karotten mit einem Spiralschneider spiralisieren oder fein raspeln. Tomaten halbieren. Granatapfel entkernen.

4. Tofuspieße in die Bowls geben und mit Erdnusssauce beträufeln. Pilaf-Reis, Tomaten, Granatapfelkerne und den Großteil des Tsatsiki in die Bowls geben. Karotten mit Olivenöl, Zitronensaft und Salz marinieren.

5. Bowls mit restlichem Tsatsiki beträufeln, Pistazien darüber verteilen und mit weißem und schwarzem Sesam bestreut servieren.

Glutenfrei *bei Verwendung von Tamari bzw. glutenfreier Sojasauce*

VEG

FÜR JEDEN ANLASS

BOWLS SIND NICHT NUR IN IHRER ZUSAMMENSETZUNG **SEHR VIELFÄLTIG** ABWANDELBAR. SIE EIGNEN SICH AUCH FÜR DIE **UNTERSCHIEDLICHSTEN ANLÄSSE.** ICH Z.B. MAG GESELLIGE ESSEN, WIE BEISPIELSWEISE EIN FONDUE, BEI DEM MEINE FAMILIE ODER MEINE FREUNDE LANGE MIT MIR **AM TISCH VERWEILEN.**

Während wir plaudern, taucht jeder seine Lieblingszutat in die heiße Suppe oder in das Öl. Danach wählt man eine Sauce und komplettiert die Wahl mit Beilagen und Salaten. Bowls funktionieren genauso, und sie können ebenso gesellig sein.

Ich mache sehr gern Bowl-Abende mit Freunden. Jeder darf eine schöne Schüssel aussuchen und kreiert frei nach dem Modulsystem (s. S. 10) und der Super-Bowl-Formel (s. S. 13) aus mehreren Grundzutaten, Kräutern und Gewürzen, Saucen, Pestos und Co sowie Toppings seine Lieblingsbowl. Auch für Kinder sind Bowls ein Hit, das Zusammenstellen der eigenen Bowl nach Farben und Lieblingszutaten lässt Kinderherzen höher schlagen.

Bowls passen zu jedem Anlass und für alle Verwendungszwecke. Ob das Müsli am Morgen, der Getreide-Salat mit Gemüse zu Mittag im Büro, die Steak-Bowl mit Polenta und Rucola für das „fancy"

Abendessen zu zweit, ein Crumble mit Vanilleeis zum Nachtisch oder ein mehrgängiges Bowl-Menü für Familie und Freunde: Bowls passen einfach immer und schmecken (mir) auch immer. Ganz gleich wo, ob auf der Picknick-Wiese, aufgewärmt im Büro, vor dem Fernseher, unkompliziert auf der Couch oder an der stilvoll geschmückten Tafel. In diesem Buch findest du viele Ideen für die verschiedensten Anlässe.

Bowls sind auch deshalb ideal, weil sie sich gut vorbereiten lassen und am nächsten Tag in die Arbeit mitgenommen werden können. Ich mache meine Lieblingssaucen auf Vorrat und habe meist fünf Lieblingstoppings wie Hanfsamen, Sesam, Nüsse etc. zu Hause auf Lager. Getreide, sei es Reis oder Polenta, habe ich genau wie Kichererbsen oder Linsen aus der Dose meist auf Vorrat. Was dann noch fehlt? Eine frische Portion Obst oder Gemüse. Das ist rasch beim Supermarkt ums Eck auf dem Nachhauseweg besorgt.

BOWLS – EIN MULTISENSORISCHES KUNSTWERK

Neben der Optik und der Vielseitigkeit gibt es eine Reihe von anderen Eigenschaften, mit denen Bowls punkten. Bowls zu kreieren ist ein bisschen wie meditieren. Ich finde es sehr entspannend. Bei einigen Bowls habe ich mir besonders viel Mühe beim Arrangieren der Zutaten gegeben.

Dafür erstelle ich eine Art Collage: Ich schaue nicht nur, welche Zutaten geschmacklich zueinander passen, sondern auch, wie sie farblich harmonieren. Essen ist eine multisensorische Angelegenheit. Beim Bowl-Anrichten achte ich z.B. darauf, zuerst grüne Zutaten einheitlich zu arrangieren, danach beispielsweise oran-

ge- und gelbgetönte usw. Die sinnliche und besonders spannende Herausforderung ist die Gesamt-Komposition: Zu einer im Ofen weich gegarten Süßkartoffel mit Olivenöl passt Sesam besonders gut; über eine orientalische Bowl streue ich gerne Dukkah; und ich liebe es, wenn Seealgen ein Gericht nicht nur appetitlich verschönern, sondern auch für den gewissen „Chrunch" und eine salzige Note sorgen.

Toppings und Saucen können individuell gewählt und frei kombiniert werden. Im Buch findest du viele Ideen dazu!

MEINE APPETITLICHE FARBENWELT

VIELE **PFLANZEN** VERDANKEN SEKUNDÄREN PFLANZENSTOFFEN IHRE **INTENSIVE FARBE.** SIE BEREICHERN NICHT NUR UNSERE BOWLS MIT IHREM BUNTEN ANBLICK, SONDERN SIND AUFGRUND DER IN DEN FARBEN ENTHALTENEN STOFFE AUCH IN GESUNDHEITLICHER HINSICHT VON GROSSER BEDEUTUNG. SIE KÖNNEN DAS RISIKO FÜR HERZ-KREISLAUF- UND ANDERE ERKRANKUNGEN SENKEN: **FARBENFROH IST GESUND,** DENN DIE FARBEN DER PFLANZEN BRINGEN VIELE WERTVOLLE INHALTSSTOFFE.

Farben spielen beim Essen auch deshalb eine große Rolle, weil sie synästhetisch wahrgenommen werden. D.h. unser Gehirn verbindet die Wahrnehmung einer Farbe mit anderen Bereichen der Wahrnehmung. So assoziieren wir z.B. die Wahrnehmung bestimmter Farben mit bestimmten Temperaturen oder Geschmacksrichtungen und auch Sehen und Riechen können gekoppelt sein.

Beim Essen lässt sich das sehr gut beobachten: Speisen, die eine bestimmte Farbe haben, verbinden wir mit bestimmten Geschmäckern, auch wenn wir das Gericht nicht kennen und nicht wissen, wie es schmeckt. Beim Anblick leckerer Mahlzeiten läuft uns das Wasser im Mund zusammen, alle Geschmackssinne werden aktiviert und in der Vorfreude auf den Genuss erwarten wir – passend zur Farbe der Speise – unterschiedliche Geschmacksrichtungen. Hier einige Beispiele:

GELB:
natürlich-herb

ROT/ORANGE:
süß und kräftig

GRÜN:
sauer-frisch

GERÖSTETE GEMÜSE-BOWL MIT FETA

In diese Bowl könnte ich mich reinlegen. Das ist „COMFORT FOOD" pur für mich. Einfach und schnell zubereitet ist sie noch dazu: Gemüse schneiden, ab in den Ofen und dann warm geniessen. Eine wunderschöne Schale VOLLER POWER, gesund und fantastisch variabel.

 ZZ: 25 MINUTEN

SF: CA. 1 STUNDE

ZUTATEN FÜR 2 PERSONEN:

1 rote Zwiebel
150 g Kirschtomaten
400 g Hokkaido-Kürbis
1 gekochte Rote Bete
2 mittelgroße Karotten
3 kleinere Kartoffeln
⅓ Bund Thymian
1 EL Honig
1 TL dunkler Balsamicoessig
2 EL Olivenöl
Salz
4 Feigen
100 g Feta

DRESSING:

Saft einer halben Orange
2 EL Olivenöl
1 EL weißer Balsamicoessig
Salz
1 TL Honig

TOPPING:

½ Granatapfel
2 EL Pinienkerne
2 EL Honig
Thymian

1. Ofen auf 180 °C Ober-/Unterhitze (160 °C Umluft) vorheizen. Zwiebel schälen und achteln. Tomaten halbieren oder vierteln. Kürbis mit der Schale in mundgerechte Stücke schneiden. Rote Bete mit Einweghandschuhen in 1 cm große Würfel schneiden. Karotten schälen, dritteln und Stücke wiederum vierteln. Kartoffeln mit Schale vierteln.

2. Von der Hälfte des Thymians Blätter abstreifen. Gemüse in eine mittelgroße Form geben, mit Honig, Balsamicoessig und Olivenöl beträufeln und salzen. Thymianblätter und ganze Stiele darauf verteilen. Gemüse im vorgeheizten Ofen ca. 35–40 Minuten garen. Zwischendurch mit einem Pfannenwender wenden.

3. 20 Minuten vor Garende Feigen halbieren, Feta zerbröseln und beides zum Gemüse in den Ofen geben.

4. Aus Orangensaft, Olivenöl, Balsamicoessig, Salz und Honig ein Dressing herstellen. Granatapfelkerne auslösen. Pinienkerne ohne Fett in einer Pfanne leicht rösten.

5. Ofengemüse in Schüsseln anrichten, Granatapfel- und Pinienkerne darauf verteilen, mit Dressing und Honig leicht beträufeln. Mit Thymian garniert servieren.

 To go: Ofengemüse lässt sich sehr gut auf Vorrat herstellen und dann im Büro kalt oder erwärmt genießen.

 Saisonal: Süßkartoffeln statt Kürbis verwenden.

VITAMIN-BOOSTER

GF   VEG

KÜRBIS-KURKUMA-SUPPEN-BOWL MIT GARNELENSPIESSEN

MEIN GELIEBTER **HERBSTKLASSIKER!** KÜRBIS UND KURKUMA, GELBE SPITZENREITER ZU EINEM FEINEN SÜPPCHEN VERKOCHT. MIT DEN GARNELEN AUCH ALS **TOLLE VORSPEISE** GEEIGNET, WENN GÄSTE KOMMEN.

 ZZ: 35 MINUTEN

SF: 50 MINUTEN

ZUTATEN FÜR 2 PERSONEN:

1 Zwiebel

150 g Karotten

200 g Hokkaido-Kürbis

1 daumengroßes Stück Ingwer

2 EL Olivenöl

2 EL Kurkuma

1 Bio-Suppenwürfel

1 Limette

200 g Reisnudeln

Salz, Pfeffer

Öl zum Braten

8 kleine Garnelen

TOPPING:

½ Mini-Gurke

1 Handvoll Mungobohnensprossen

Sambal Oelek (wer es gerne scharf mag)

1. Zwiebel schälen und fein hacken. Karotten schälen und in grobe Stücke schneiden. Kürbis in grobe Würfel schneiden. Ingwer schälen.

2. Olivenöl in einem mittelgroßen Topf erhitzen, Zwiebeln darin anrösten. Ingwer sowie Kurkuma hinzugeben und kurz mit anrösten. Karotten- und Kürbisstücke hinzugeben und unter ständigen Rühren ca. 3–5 Minuten anbraten.

3. Mit ca. 600–700 ml Wasser aufgießen. Zum Kochen bringen, Suppenwürfel darin auflösen. Kürbis für ca. 25–30 Minuten zugedeckt bei schwacher Hitze weich kochen. Suppe pürieren. Die Hälfte der Limette auspressen, Suppe mit Limettensaft abschmecken. Die andere Limettenhälfte vierteln und zur Suppe servieren.

4. Während die Suppe kocht, Reisnudeln in einer Schüssel mit heißem Wasser für ca. 10 Minuten einweichen (müssen nicht gekocht werden). Mit Salz und Pfeffer würzen, gut abtropfen lassen.

5. Öl in einer Pfanne erhitzen, Garnelen darin rundum anbraten und leicht salzen. Auf Holzspieße aufteilen.

6. Gurke in Scheiben schneiden. Suppe in Schüsseln aufteilen, mit Mungobohnensprossen und Gurke anrichten und nach Belieben mit Sambal Oelek schärfen. Nudeln als Beilage oder direkt in der Bowl servieren, Garnelenspieße darauflegen.

Tipp: Wer es besonders cremig mag, kann 200 ml des Wassers zum Aufgießen durch Kokosmilch ersetzen.

To go: Suppen sind ideal, um sie in großen Mengen vorzubereiten und einzufrieren oder am nächsten Tag aufzuwärmen. Die Nudeln kann man gut im Büro zubereiten, die Garnelen weglassen oder ebenfalls vor Ort zubereiten.

Saisonal: Statt Kürbis eignen sich auch Süßkartoffeln gut für dieses Rezept.

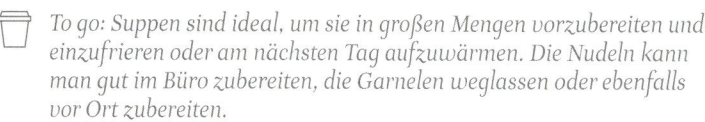

Gluten- und laktosefrei
bei Verwendung von gluten- und laktosefreien Suppenwürfeln

Vegetarische Variante:
statt Garnelen Gemüse- oder Tofuspieße verwenden

ORIENTALISCHE BOWL

Saftiges Hühnerfilet mit Falafeln, Hummus, Oliven und Kichererbsen: eine **BOWL** wie aus **1001 NACHT!**

 ZZ: 35 MINUTEN

SF: 35 MINUTEN

ZUTATEN FÜR 2 PERSONEN:

300 g Hühnerbrustfilet

5 EL Olivenöl

2 EL Sojasauce

1 TL Honig

Salz, Pfeffer

1 Msp. Chilipulver

2 Tomaten

1 Mini-Gurke

½ Granatapfel

1 EL Essig

1 Handvoll Minze

150 g Couscous

Öl zum Braten

150 g Schafkäse

1 Frühlingszwiebel oder ½ rote Zwiebel

200 g Kichererbsen aus der Dose

100 g Hummus (s. S. 159)

80 g Kalamata-Oliven

FÜR DIE FALAFELN
(FÜR 3 PERSONEN)

½ kleiner Bund Koriander

2 Frühlingszwiebeln

1 Chilischote

½ unbehandelte Zitrone

1 Knoblauchzehe

240 g Kichererbsen aus der Dose

2 Eier, Salz, Pfeffer

60 g Semmelbrösel

3 EL Rapsöl

TOPPING:

Minze, Dukkah (s. S. 153)

Kräuter der Provence

1. Für die Falafeln Korianderblätter fein hacken. Frühlingzwiebeln in sehr feine Scheiben schneiden, evtl. fein hacken. Chili längs halbieren, Kerne entfernen und Schote klein hacken. Zitrone heiß waschen, Schale raspeln und Zitrone auspressen. Knoblauch schälen und fein hacken.

2. Kichererbsen abgießen, unter Wasser abspülen, abtropfen lassen und in eine Schüssel geben. Mit einem Stabmixer oder einer Gabel zu einer glatten Masse zerstampfen. Eier, Salz und Pfeffer hinzugeben, gut verrühren. Mit Koriander, Frühlingszwiebeln, Chili, Zitronenraspeln und -saft, Knoblauch sowie Bröseln vermengen. Salzen und pfeffern, ca. 5–10 Minuten ziehen lassen.

3. Mit feuchten Händen ca. 15 Falafeln formen. Öl in einer Pfanne erhitzen. Falafeln ca. 10–12 Minuten bei mittlerer Hitze goldbraun braten.

4. Filet waschen und trockentupfen. Mit 3 EL Olivenöl, Sojasauce, Honig, Salz, Pfeffer und Chilipulver marinieren.

5. Stielansatz der Tomaten rausschneiden. Tomaten und Gurken fein würfeln. Granatapfelkerne auslösen. Aus Tomaten- und Gurkenwürfeln, der Hälfte der Granatapfelkerne, restlichem Olivenöl, Essig, Salz, Pfeffer und gehackter Minze einen Salat herstellen.

6. Couscous in kochendes Wasser einrühren. Zugedeckt ca. 5–10 Minuten quellen lassen.

7. Öl in einer Pfanne erhitzen und mariniertes Filet rundum ca. 5 Minuten goldbraun braten. Aufschneiden.

8. Schafkäse in Würfel schneiden. Zwiebel in feine Ringe schneiden. Kichererbsen abgießen. Falafeln, Hühnerbruststreifen, Couscous, Schafkäse, Salat, Hummus, Oliven und restliche Granatapfelkerne in Bowls anrichten, mit Minze garnieren. Feta mit Kräutern der Provence und Hummus mit Dukkah bestreuen.

Tipps: Getoastetes Fladenbrot dazu reichen.
Falafeln lassen sich am besten in etwas größeren Mengen herstellen.
Aus diesem Rezept bekommt man ca. 15 Stück, für die Bowls reichen ca. 10. Den Rest einfach kalt genießen oder einfrieren.

To go: Kann man ideal am Vorabend für den nächsten Tag vorbereiten. Falafeln lassen sich auch gut einfrieren.

OTSU-SALAT-BOWL

DIESER **JAPANISCHE SALAT** IST MEHR ALS EIN **SOMMERHIT.** SOBA-NUDELN, TOFU UND KORIANDER GEHÖREN EBENSO WIE DAS SCHARF-PIKANTE DRESSING ZUM BELIEBTEN OTSU-SALAT. PERFEKT, UM IHN AUS DER BOWL ZU GENIESSEN UND **RUCKZUCK SERVIERT.**

 ZZ: 20 MINUTEN

SF: 20 MINUTEN

ZUTATEN FÜR 2 PERSONEN:

½ Bund Koriander

3 Frühlingszwiebeln

½ Salatgurke

250–300 g Soba-Nudeln

Salz

250 g Naturtofu

Sesamöl zum Braten

DRESSING:

1 daumengroßes Stück Ingwer

Abrieb einer halben unbehandelten Zitrone

1 TL Honig

¼ TL Chilipulver

½ EL Zitronensaft

½ TL Salz

30 ml brauner Reisessig

40 ml Sojasauce

1 EL Olivenöl

1 EL Sesamöl

TOPPING:

4 EL Sesam

einige Korianderblätter

1. Für das Dressing Ingwer schälen, reiben und mit Zitronenabrieb sowie Honig und Chilipulver vermischen. Zitronensaft, Salz, Reisessig, Sojasauce, Oliven- und Sesamöl hinzugeben und alles gut vermischen.

2. Koriander abzupfen und fein hacken. Eine Handvoll zum Garnieren beiseitelegen. Frühlingszwiebeln und Salatgurke in feine Scheiben schneiden.

3. Soba-Nudeln in leicht gesalzenem Wasser ca. 4 Minuten bissfest garen. Abgießen, mit kaltem Wasser abbrausen und abtropfen lassen.

4. Sesam in einer Pfanne ohne Fett anrösten. Tofu trockentupfen und in ca. 1 cm große Würfel schneiden. In einer Pfanne mit etwas Sesamöl von allen Seiten rundum goldbraun anbraten.

5. In Schüsseln die Soba-Nudeln mit Gemüse, Koriander und Dressing anrichten. Tofu dazugeben und mit dem übrigen Koriander und Sesam garnieren.

To go: Der Salat ist am nächsten Tag fast noch besser, da das Dressing so richtig schön einzieht.

LF **VEG** **Glutenfrei** *bei Verwendung von Tamari bzw. glutenfreier Sojasauce und glutenfreien Soba-Nudeln*

Vegane Variante: *Agavendicksaft statt Honig verwenden*

ROTE BETE AUS DEM OFEN MIT SCHAFKÄSE UND MOHN

Fast schon ein **EVERGREEN:** Rote Bete — heiss serviert mit Schafkäse. Eine Schüssel mit mediterranem Flair. **SO EINFACH UND KÖSTLICH IST GESUNDER GENUSS.**

 ZZ: 15 MINUTEN

SF: 45 MINUTEN

ZUTATEN FÜR 2 PERSONEN:

4 große gekochte Rote Bete (insg. ca. 600 g)

2 Zwiebeln

Salz

4 EL Olivenöl

2 TL Honig

3 Rosmarinzweige

2 milde Schaffrischkäse à 100 g

TOPPING:

1 EL Honig

2 EL Olivenöl

2 EL Mohn

1 Handvoll Pekannüsse

selbstgemachte Rote-Bete-Chips nach Belieben

1. Backofen auf 160 °C Umluft (180 °C Ober-/Unterhitze) vorheizen. Rote Bete achteln. Zwiebeln schälen und ebenfalls achteln. Rote Bete und Zwiebeln in eine ofenfeste Form geben und mit Salz würzen. Mit Olivenöl und Honig beträufeln, Rosmarinzweige dazulegen.

2. Im vorgeheizten Ofen ca. 25–30 Minuten garen.

3. Aus dem Ofen nehmen und in Bowls aufteilen. Jeweils einen Schafkäse hinzugeben, mit Olivenöl und Honig beträufeln, Mohn darüber streuen, Pekannüsse dazugeben und nach Belieben mit Rote-Bete-Chips dekoriert servieren.

Tipp: Schmeckt auch herrlich mit Ziegenfrischkäse.

To go: Das Gemüse kann man ideal in größeren Mengen vorbereiten und aufwärmen. Den Käse frisch dazu servieren.

Saisonal: Schmeckt auch mit Kürbis sehr gut.

 GF   VEG

STEAK-BOWL MIT MAISKOLBEN, POLENTA UND FRISCHEM GEMÜSE

EINE KLEINE HERAUSFORDERUNG FÜR STEAKFANS. DENN HIER DREHT SICH NICHT ALLES UM GROSSE BROCKEN, SONDERN UM **ZARTE QUALITÄT UND EINE STIMMIGE BEILAGENPALETTE** IN DER BOWL.

 ZZ: 40 MINUTEN

🍴 SF: 40 MINUTEN

ZUTATEN FÜR 2 PERSONEN:

150 g Express-Polenta

Salz

½ Brokkoli

Butter zum Schwenken und Braten

2 Rinderfilets à 150 g

Öl zum Braten

2 vorgegarte Maiskolben

2 Zweige Rosmarin

200 g Kirschtomaten

2 EL Olivenöl

50 g Rucola

Pfeffer

TOPPING:

selbstgemachte Kartoffelchips
(nach Belieben)

1. Für die Polenta ca. 300 ml leicht gesalzenes Wasser in einem Topf zum Kochen bringen. Polenta unter ständigem Rühren einrieseln lassen, 1–2 Minuten kochen, dann vom Herd nehmen. Wenn die Polenta zu fest wird, einfach noch einen Schuss Wasser hinzugeben.

2. Leicht gesalzenes Wasser für den Brokkoli zum Kochen bringen. Brokkoli in einzelne Röschen teilen (evtl. dicke Stiele abschneiden), waschen und im kochenden Wasser etwa 3 Minuten blanchieren. Anschließend eiskalt abschrecken und abtropfen lassen. In etwas Butter schwenken und mit Salz würzen.

3. Fleisch waschen und trockentupfen. Öl in einer Pfanne erhitzen und Fleisch bei starker Hitze auf jeder Seite ca. 2–3 Minuten (je nach gewünschtem Gargrad) scharf anbraten. In Alufolie wickeln und bis zur Verwendung ziehen lassen.

4. Vorgegarte Maiskolben in einer Pfanne mit etwas Butter rundum anbraten und salzen. Nadeln des Rosmarins abzupfen und die Nadeln kleinhacken. Kirschtomaten halbieren und mit etwas Olivenöl und dem Rosmarin in einer Pfanne rundum anbraten. Salzen.

5. Polenta auf die Bowls aufteilen, Kirschtomaten und Rosmarin darauf verteilen. Rucola waschen und trockenschütteln und ebenfalls in die Bowls geben. Fleisch aus der Alufolie wickeln, in ca. 1 cm breite Stücke schneiden und mit Salz und Pfeffer würzen. Fleisch, Brokkoli und in Stücke zerteilte Maiskolben in die Bowls legen, mit Kartoffelchips als Topping servieren.

GF

MAKRONÄHRSTOFFE

UNSERE NAHRUNG LIEFERT MIKRONÄHRSTOFFE UND DIE DREI MAKRONÄHRSTOFFE EIWEISS, FETT UND KOHLENHYDRATE.

Makronährstoffe sind die Hauptbestandteile unserer Nahrung. Von ihnen benötigen wir relativ große Mengen, um den täglichen Energiebedarf decken zu können. Mikronährstoffe braucht der Körper in geringen Mengen. Doch sie sind lebensnotwendig, da sie uns mit Vitaminen, Mineralstoffen sowie Spurenelementen versorgen. Deshalb achte ich in der LCF-Küche sehr darauf, mit Nahrungsmitteln zu kochen, die viele Mikronährstoffe enthalten. **Bei den Makronährstoffen ist entscheidend, in welcher Zusammensetzung wir sie konsumieren. Hier ein Überblick:**

KOHLENHYDRATE

Kohlenhydrate sind für uns Menschen so wichtig, weil sie unserem Körper große Mengen an Energie liefern. Darüber hinaus machen sie uns nicht nur satt, sondern – vorausgesetzt, wir konsumieren sie in richtiger Menge und Form – auch **GLÜCKLICH UND LEISTUNGSFÄHIG.**

55 bis 60% der Gesamtenergiemenge sollte in Form von Kohlenhydraten aufgenommen werden. Pro Tag sollten wir 30 g Ballaststoffe konsumieren. Wichtig ist aber auch, **WELCHE KOHLENHYDRATE** wir zu uns nehmen. Zu den Kohlenhydraten zählen einfache Kohlenhydrate wie weißer und brauner Zucker, Honig und Ahornsirup. Dann gibt es die weißen komplexen Kohlenhydrate aus Nudeln, Mehl, Reis, Brot und Zerealien. Komplexe Kohlenhydrate aus Vollkornmehl finden sich ebenfalls in diesen Lebensmitteln. Eine wichtige Kohlenhydrate-Gruppe stellt **OBST UND GEMÜSE** dar, z.B. Bananen, Trockenfrüchte, Kartoffeln, Karotten, Süßkartoffeln, Rüben und Pastinaken.

Am besten für uns sind komplexe Lebensmittel, die langsamer aufgeschlossen werden und unser Energieniveau auf einem konstanten Level halten. **BESONDERS GUT SIND VOLLKORNPRODUKTE,** da sie vom Körper langsamer verdaut werden und viele Ballaststoffe enthalten. Einfache Kohlenhydrate aus Zucker und Co hingegen sollte man meiden oder zumindest nur selten in den Speiseplan integrieren. Sie schenken uns zwar schnelle Energie, aber ohne Nachhaltigkeit: Die Energie nimmt rasch wieder ab.

ÖL UND FETTE

Fett bedeutet Kaloriendichte. Das hat dafür gesorgt, dass Fett ganz generell in Verruf geraten ist. Doch **FETT IST LEBENSNOTWENDIG.** Und die in unserer Gesellschaft verbreitete Angst vor Fett sollte man getrost ignorieren. Fett sollte ca. 30% unserer Gesamtenergiemenge ausmachen. Bei Menschen, die sich wenig bewegen, kann der Fettanteil auch darunter liegen, bei Schwerarbeitern bis zu 10% darüber.

Ca. 10% der Fettzufuhr sollten **ESSENTIELLE** Fettsäuren (Linolsäure (Omega-6-Fettsäure) und Alpha-Linolensäure (Omega-3-Fettsäure) sein. Der Anteil an **GESÄTTIGTEN** Fettsäuren sollte höchsten 30% des konsumierten Fettes ausmachen. Diese Fette sind vor allem in Fleisch und Wurst enthalten.

Unter den Fetten sind die ungesättigten bzw. die mehrfach ungesättigten Fettsäuren die Stars. Sie finden sich vor allem in **PFLANZLICHER NAHRUNG** wie Nüssen, Samen, Pflanzenölen und Avocados. Diese Fette erhöhen den guten Cholesterinwert (HDL) und sorgen dafür, dass das Risiko von Herzerkrankungen abnimmt.

Tierische Fette, wie sie in Fleisch und Milchprodukten enthalten sind, sind immer reich an gesättigten Fettsäuren (den nicht so guten), mit Ausnahme von Fischöl. Das besteht hauptsächlich aus mehrfach ungesättigten Fettsäuren und ist deshalb für uns Menschen **AUSGESPROCHEN WERTVOLL.**

DAS RICHTIGE FETT ZUM KOCHEN UND BRATEN

Grundsätzlich gilt: Je mehr ungesättigte Fettsäuren ein Öl enthält, desto weniger eignet es sich zum Braten. Das trifft gerade auf GESUNDE ÖLE zu, beispielsweise Walnussöl, Leinöl, Kürbiskernöl usw. Diese Öle werden fast immer kalt gepresst angeboten und haben einen sehr hohen Anteil an mehrfach ungesättigten Fettsäuren, z.B. Omega-3- oder Omega-6-Fettsäuren. Diese Öle solltest du auf keinen Fall zum Braten verwenden. Einfach ungesättigte sowie gesättigte Fettsäuren spalten sich bei hohen Temperaturen hingegen kaum und können PROBLEMLOS ZUM BRATEN verwendet werden. Rapsöl, Sonnenblumenöl, Kokosfett, Sesamöl, aber auch Olivenöl eignen sich hingegen sehr gut dafür. Rapsöl enthält für den Körper ein ideales Verhältnis von Omega-6- und Omega-3-Fettsäuren. Ob Olivenöl zum Braten geeignet ist, hängt davon ab, ob es kalt gepresst („nativ") oder raffiniert ist. Raffiniertes Olivenöl ist stärker verarbeitet und beim Braten stabiler als das native. Es kann bis zu 200 °C erhitzt werden.

Zum KOCHEN verwende ich am liebsten Oliven-, Raps- und Sesamöl. KOKOSÖL, das ich auch sehr gerne zum Backen und Kochen nehme, ist etwas umstritten. Ich verwende es deshalb so gerne, weil es meinen Gerichten einen köstlichen Geschmack und Rohkostspeisen zusätzlich die perfekte Struktur gibt, da es bei der Abkühlung härtet. Kokosöl ist zwar reich an gesättigten Fettsäuren, wird jedoch schneller von unserem Körper aufgenommen und in Energie umgewandelt. Es ist leicht verdaulich, reguliert den Blutfettspiegel und wirkt durch die mittelkettige Fettsäure Laurinsäure antimikrobiell.

GESUNDES FETT

Die LCF-Küche kennt eine Reihe gesunder Fett-Lieferanten. Unbestrittene Nummer eins ist die AVOCADO – ich liebe Avocados! Sie haben den höchsten Fettgehalt aller bekannten Obst- und Gemüsesorten, sind aber auf Grund der optimalen Zusammensetzung der in ihnen enthaltenen Fette sehr gesund. Begeistern kann ich mich auch für SAMEN wie Sesam und Leinsamen und NÜSSE wie Cashewnüsse und Mandeln, die ebenfalls viele natürliche Fette enthalten. Erdnüsse und Mandeln liebe ich auch in Form von MUS oder BUTTER wie Mandelmus zum Backen, Tahini oder Erdnussbutter als Aufstrich.

EIWEISS

Unsere MUSKELZELLEN bestehen zu einem Großteil aus Eiweiß. Aber auch unsere Haare, Nägel, Hormone, Blutzellen und Enzyme sind aus ihnen aufgebaut. Ca. 10 bis 15% der Gesamtenergie sollte man in Form von Eiweißen zu sich nehmen. Dabei sollte das Eiweiß zu zwei Dritteln aus PFLANZLICHEN Lebensmitteln und zu einem Drittel in Form von TIERISCHEN Lebensmitteln aufgenommen werden. Doch Achtung, tierische eiweißreiche Lebensmittel enthalten häufig versteckte Fette, pflanzliche hingegen Ballaststoffe.

Unser Körper spaltet alle Eiweiße in AMINOSÄUREN, die dafür zuständig sind, unser Gewebe zu reparieren. Sie sind wichtig für Verdauung, Wachstum und auch zur Energiegewinnung. Aminosäuren sind die Bausteine von PROTEINEN. Es gibt 21 verschiedene Typen von Aminosäuren – neun davon sind wesentlich, sie werden „essentielle Aminosäuren" genannt. Grund dafür ist, dass unser Körper die anderen Aminosäuren selbst produzieren kann, diese neun essentiellen jedoch nicht. Sie müssen extern aufgenommen werden, d.h. durch Nahrung. Ohne diese essentiellen Aminosäuren kann der Körper jedoch nicht überleben. Reich an Proteinen und Aminosäuren sind Erdnüsse, Linsen, Erbsen, Rindfleisch, Hühnchen und viele Milchprodukte, z.B. Käse. Außerdem sind sie in Dinkelmehl, Haferflocken, Thunfisch, Hefe und Sojabohnen enthalten.

BIOLOGISCHE WERTIGKEIT

Entscheidend dafür, wie gut unser Körper Eiweiß aufnehmen kann, ist auch die KOMBINATION von Lebensmitteln, die wir zu uns nehmen. Man spricht in diesem Zusammenhang von „biologischer Wertigkeit". Sie gibt an, wie EFFIZIENT Nahrungsproteine in körpereigene Proteine umgesetzt werden können. Bei einer biologischen Wertigkeit von 100 können alle Eiweißbestandteile vom Körper IDEAL genutzt werden. Folgende Kombinationen sind Beispiele für eine ideale biologische Wertigkeit: Bohnen mit Mais oder noch besser Bohnen mit Mais und etwas Vollkornweizen oder Bohnen mit Vollkornreis.

SEKUNDÄRE PFLANZENSTOFFE

UNTER DEM BEGRIFF „SEKUNDÄRE PFLANZENSTOFFE" VERBERGEN SICH WAHRE GESUNDHEITSBOOSTER.

Sekundäre Pflanzenstoffe sind Stoffe, die von Gemüse und Obst zum eigenen Schutz produziert werden. Uns Menschen können sie helfen, unsere Abwehrkräfte zu steigern, uns vor Infektionen mit Pilzen, Bakterien oder Viren zu schützen und den Cholesterinspiegel zu senken. Zudem haben sie einen günstigen Einfluss auf die Blutzuckerwerte und den Blutdruck und verhindern Gefäßverstopfungen. Deshalb beugen sekundäre Pflanzenstoffe Krebs und Herz-Kreislauf-Erkrankungen vor.

Sekundäre Pflanzenstoffe werden in verschiedene Gruppen eingeteilt. Hier ein Überblick über die wichtigsten:

CAROTINOIDE

Der wohl bekannteste sekundäre Pflanzenstoff ist Carotin, vor allem **BETA-CAROTIN,** dem eine krebsvorbeugende Wirkung zugeschrieben wird. Carotinoide sind in **GELBFARBIGEN GEMÜSEN UND FRÜCHTEN** zu finden: Karotten, rote Paprika, Kürbisse, Aprikosen und Tomaten. Sie sind aber auch in Grüngemüse wie Grünkohl, Wirsing, Spinat und Feldsalat enthalten.

FLAVONOIDE

Flavonoide sind in der Lage, so genannte **FREIE RADIKALE UNSCHÄDLICH** zu machen und so der Entstehung von Krebs vorzubeugen. Man geht davon aus, dass sie unser Immunsystem stärken und Krankheitskeime abtöten können. Typisch für flavonoidreiche Pflanzen sind Lebensmittel mit einer **KRÄFTIG ROTEN FARBE** wie Rote Bete, Rotkohl, Auberginen, Kirschen und Trauben.

SULFIDE

Der **SCHARFE GESCHMACK** von Knoblauch, Zwiebeln, Lauch und Schnittlauch ist auf Sulfide zurückzuführen. Sulfide sind gut für unsere Verdauung, ihnen wird eine **SCHUTZFUNKTION** gegen Magen- und Dickdarmkrebs zugeschrieben. Auch vor Cholesterinablagerungen in den Arterien können sie uns schützen.

GLUCOSINOLATE

Diese Art von sekundären Pflanzenstoffen ist ebenfalls für die **KREBSABWEHR** wichtig. Sie unterstützen die körpereigene **ENTGIFTUNG** und hemmen das Wachstum von Mikroorganismen. In hoher Konzentration zu finden sind sie vor allem in allen Kohlarten, in Kresse, Radieschen und Rettich.

CHLOROPHYLL

Chlorophyll gibt Pflanzen ihre **GRÜNE FARBE.** Es hat eine erstaunliche Fähigkeit: Einerseits wandelt es Sonnenlicht in Kohlenhydrate um, andererseits färbt es die Blätter grün.

Chlorophyll liefert den Pflanzen die nötige Wachstumsenergie und ist für uns Menschen **SEHR GESUND.** Es wird oft auch als Pflanzenblut bezeichnet, weil es chemisch fast so aufgebaut ist wie Hämoglobin, der rote Blutfarbstoff von Menschen. Der große, auch farbgebende Unterschied: Der Kern von Hämoglobin ist Eisen, der von Chlorophyll Magnesium.

Chlorophyll **FÖRDERT DIE WUNDHEILUNG, BINDET GIFTE** und unterstützt unseren Stoffwechsel. Also her mit den grünen Lebensmitteln!

Schnelle Bowls

Das
LCF
Prinzip

GESUNDER GENUSS IN VIELEN VARIANTEN:
MEINE SCHNELLEN BOWLS FÜR ALLE
GELEGENHEITEN UND GESCHMÄCKER.
FÜR DIE MITTAGSPAUSE IM BÜRO, DAS
ABENDLICHE „ICH-HABE-NICHT-WIRKLICH-
LUST-ZUM-KOCHEN" ODER EINFACH,
WEIL SIE SO GUT SCHMECKEN.

FORELLEN-CEVICHE

CEVICHE HABE ICH AUF MEINER **MITTELAMERIKA-REISE** ENTDECKT. DA HIERZULANDE ROHER FISCH IN HOCHWERTIGER, FRISCHER QUALITÄT NICHT SO EINFACH ZU BEKOMMEN IST, GIBT'S DIE VARIANTE MIT GERÄUCHERTER FORELLE. GRANATAPFEL UND KOKOSMILCH GEBEN VOLLEN GESCHMACK, DIE KOMBINATION AUS PROTEINHALTIGEM FISCH UND EINER GEBALLTEN LADUNG AN FLAVONOIDEN, ANTIOXIDANTIEN, POLYPHENOSEN, KALIUM, VITAMIN C, CALCIUM UND EISEN AUS DEM GRANATAPFEL LASSEN DIE BOWL ZU EINER **WAHREN SUPER BOWL** WERDEN.

🍳 ZZ: 25 MINUTEN

🍴 SF: 25 MINUTEN

ZUTATEN FÜR 2 PERSONEN:

ca. 100 g Römersalat

2 Frühlingszwiebeln

2 Stangensellerie

2 Radieschen

½ Granatapfel

1 Chilischote

1 Avocado

1 rote Zwiebel

1 Bund Koriander

100 g Mais

Salz, Pfeffer

200 g geräucherte Forelle

1 Limette

3 EL Olivenöl

TOPPING:

Kokosflocken

Chiliflocken

100 ml Kokosmilch

1. Römersalat waschen, trockenschütteln und in kleine Stücke reißen. Frühlingszwiebeln und Sellerie in feine Scheiben schneiden. Radieschen achteln. Granatapfelkerne auslösen.

2. Chilischote längs halbieren, entkernen und in sehr feine Scheiben schneiden. Avocado schälen, entkernen und in ca. 1 cm große Würfel schneiden. Zwiebel schälen und in sehr feine Scheiben schneiden. Koriander abzupfen und fein hacken. Alle genannten Zutaten in Schüsseln geben, Mais hinzufügen, vorsichtig miteinander vermischen.

3. Mit Salz und Pfeffer würzen. Forelle in Stücke reißen und zum Salat geben. Limette auspressen. Salat mit Limettensaft und Olivenöl marinieren und 15 Minuten ziehen lassen.

4. Mit Kokos- und Chiliflocken bestreuen, mit Kokosmilch übergießen.

 *To go: Diesen Salat kann man ideal am Vortag vorbereiten, den Römersalat gibt man direkt vor dem Essen frisch dazu.*

MACH'S LEICHTER

Kokosmilch weglassen

GF   LF

„GRIECHISCHE" BOWL MIT SPIRALISIERTEN GURKEN UND KICHERERBSEN

GRIECHISCHER SALAT NEU INTERPRETIERT. DIE SPIRALISIERTEN GURKEN MACHEN NICHT NUR OPTISCH VIEL HER. SIE ENTHALTEN EINE GANZE REIHE AN B-VITAMINEN SOWIE CALCIUM, MAGNESIUM, PHOSPHOR, KALIUM, ZINK UND EISEN. ZUSÄTZLICH KOMBINIERT MIT HEIMISCHEN SUPERFOOD — WALNÜSSEN MIT IHREM HOHEN GEHALT AN OMEGA-3-FETTSÄUREN —, KANN MAN DIESE BOWL ALS WAHREN **JUNGBRUNNEN** BEZEICHNEN.

ZZ: 20 MINUTEN

SF: 20 MINUTEN

ZUTATEN FÜR 2 PERSONEN:

1 Tomate

1 Salatgurke

150 g Kirschtomaten

½ rote Zwiebel

150 g Feta

2 Radieschen

200 g Kichererbsen aus der Dose

60 g schwarze Oliven

DRESSING:

3 EL Olivenöl

2 EL Balsamicoessig

1–2 TL Sumach nach Belieben

Salz, Pfeffer

TOPPING:

Minze

1 Handvoll Walnüsse

1. Stielansatz der Tomate keilförmig herausschneiden, Tomate achteln. Enden der Gurke abschneiden und Gurke mit einem Spiralschneider durch Drehbewegung oder mit einem Julienne-Schäler in dünne Streifen schneiden.

2. Kirschtomaten halbieren. Zwiebel schälen, halbieren und in sehr feine Scheiben schneiden. Feta in Würfel schneiden. Radieschen in feine Scheiben schneiden. Alle genannten Zutaten in eine Salatschüssel geben. Kichererbsen und Oliven hinzugeben und alles gut vermengen.

3. Für das Dressing Olivenöl, Balsamicoessig, Sumach, Salz und Pfeffer vermengen, über den Salat gießen.

4. Salat in Bowls aufteilen und mit Minze und Walnüssen garniert servieren.

To go: Diesen Salat kann man schnell im Büro zubereiten oder auch am Vortag vorbereiten (Dressing extra transportieren).

GF   VEG

GRÜNE PROTEIN-BOWL MIT ERBSEN-HUMMUS

GRÜN WIE DIE HOFFNUNG — UND EIN ECHTER **ENERGIESPENDER!** DAS GRÜNE FARBPIGMENT IST NICHT NUR FÜR PFLANZEN, SONDERN AUCH FÜR UNS MENSCHEN EXTREM WERTVOLL. DIE GRUNDSTRUKTUR VON CHLOROPHYLL ÄHNELT DEM BLUTFARBSTOFF HÄMOGLOBIN. DESHALB WIRD ES OFT AUCH ALS **PFLANZENBLUT** BEZEICHNET. WERTVOLLE PROTEINE LIEFERT DAS ERBSEN-HUMMUS.

 ZZ: 30 MINUTEN

SF: 30 MINUTEN

ZUTATEN FÜR 2 PERSONEN:

2 Zucchini

8 Stangen grüner Spargel

1 Avocado

50 g Spinat

2 EL Sesamöl

4–5 EL Sojasauce

2 EL Fischsauce

4 EL Hüttenkäse

50 g Rucola

FÜR DAS ERBSEN-HUMMUS:

1 Knoblauchzehe

150 g gekochte frische Erbsen

einige Blätter Minze

Saft einer halben Zitrone

2 EL Tahini

ca. 1–2 EL Olivenöl

Salz, Pfeffer

TOPPING:

Sprossen

schwarzer Sesam

1 Limette

1. Enden der Zucchini abschneiden und mit einem Spiralschneider durch Drehbewegung oder mit einem Julienne-Schäler in dünne Streifen schneiden. 30 Sekunden lang mit heißem Wasser abbrausen.

2. Spargel halbieren. Avocado schälen, entkernen und in Scheiben schneiden. Spinat waschen und trockenschleudern.

3. Sesamöl in einer Pfanne erhitzen. Zucchininudeln und Spinat hinzugeben und kurz rundum anbraten. Mit Soja- und Fischsaue ablöschen und abschmecken.

4. Für das Erbsen-Hummus Knoblauch schälen und fein hacken. Mit den anderen Hummus-Zutaten und wenig Wasser pürieren/mixen, bis eine cremige Masse entsteht.

5. Zutaten aus der Pfanne mit Avocado in Schüsseln anrichten, bei Bedarf mit Salz abschmecken. Erbsen-Hummus und Hüttenkäse ebenfalls in die Bowls geben. Mit Sesam, Rucola und Sprossen garniert servieren. Limette in Spalten darauf geben.

 Saisonal: Statt Spargel kann man auch mehr Zucchini oder z.B. Rosenkohl verwenden.

GRÜNKOHL-SPAGHETTI-BOWL MIT BÜFFELMOZZARELLA

GRÜNKOHL IST EIN **HEIMISCHES SUPERFOOD.** ER IST AUSSERORDENTLICH REICH AN VITAMIN A UND C SOWIE K1, CALCIUM, KALIUM UND VIELEN ANDEREN MINERALSTOFFEN WIE EISEN, MAGNESIUM, NATRIUM, PHOSPHOR UND ZINK. DIE SATTE GRÜNE FARBE — MAN ERHÄLT SIE, INDEM MAN DEN GEDÄMPFTEN KOHL KURZ KALT ABSCHRECKT — MACHT DIESE WÜRZIGE BOWL **EINLADEND APPETITLICH.**

 ZZ: 25 MINUTEN

SF: 25 MINUTEN

ZUTATEN FÜR 2 PERSONEN:

Salz

400 g Grünkohl

250 g Spaghetti

2 Tomaten

1 Zwiebel

2 Knoblauchzehen

Öl zum Braten

2 Handvoll Rucola

Pfeffer

125 g Büffelmozzarella

TOPPING:

Chiliflocken

Olivenöl

50 g Kalamata-Oliven

1. Leicht gesalzenes Wasser für den Grünkohl in einem Topf zum Kochen bringen. Grünkohl von den Stängeln zupfen und 5 Minuten blanchieren. Anschließend kalt abschrecken.

2. Nudeln nach Packungsangabe bissfest kochen.

3. Während die Nudeln kochen, Strunk der Tomaten keilförmig herausschneiden, Tomaten in Scheiben schneiden. Zwiebel und Knoblauch schälen und beides fein hacken. Öl in einer Pfanne erhitzen und Zwiebel darin glasig dünsten. Grünkohl und Knoblauch hinzugeben und für ca. 5 Minuten bei mittlerer Hitze braten. Mit Salz und Pfeffer würzen. Tomaten hinzugeben und kurz mitbraten.

4. Rucola waschen, trockenschütteln und in den Bowls aufteilen. Büffelmozzarella zerzupfen, darüber geben und mit Chiliflocken bestreuen. Nudeln abgießen und dazugeben. Grünkohl mit Tomaten ebenfalls in die Schüsseln geben.

5. Bowls mit Olivenöl beträufeln und mit Oliven garniert servieren.

Tipps: Für das Foto haben wir die Bowl mit Wirsing zubereitet – passt ebenfalls sehr gut!
Schaut mit gelben Tomaten besonders hübsch aus.

 *To go: Wenn man den Grünkohl bereits blanchiert mitnimmt, lässt sich diese Bowl auch gut im Büro zubereiten.*

VEG   **Glutenfrei** *bei Verwendung von glutenfreien Nudeln*

KURKUMA-KICHERERBSEN-BOWL MIT RINDFLEISCH

Hier kommt eine **GANZE LADUNG PROTEINE:** Kichererbsen und Rindfleisch, fein abgeschmeckt mit Kurkuma, dem immunstärkenden Gewürz mit der tollen Farbe. Kichererbsen enthalten essentielle Aminosäuren, die für den Organismus sehr wertvoll sind. Eine durch und durch wärmende Mahlzeit für einen langen Tag.

 ZZ: 20–25 MINUTEN

 SF: 20–25 MINUTEN

ZUTATEN FÜR 2 PERSONEN:

6 getrocknete Tomaten (nicht in Öl)

260 g Kichererbsen aus der Dose

1 EL Kurkuma

1 EL Ras el-Hanout

7 EL Olivenöl

1 Knoblauchzehe

1 Zucchini

Salz, Pfeffer

½ Granatapfel

2 EL Balsamicoessig

2 Rinderhüftsteaks à 120 g

2 EL Öl

TOPPING:

Basilikum

1. Getrocknete Tomaten in schmale Streifen schneiden. Kichererbsen abgießen, mit Kurkuma, Ras el-Hanout und 2 EL Olivenöl in einer Schüssel vermengen und etwas ziehen lassen.

2. Knoblauch schälen und in Scheiben schneiden. Zucchini längs halbieren und in Scheiben schneiden. 2 EL Olivenöl in einer Pfanne erhitzen und Zucchinischeiben darin mit dem Knoblauch anbraten. Getrocknete Tomaten hinzugeben. Mit Salz und Pfeffer würzen, zu den Kichererbsen geben.

3. Granatapfelkerne auslösen und ebenfalls zu den Kichererbsen geben. Mit 3 EL Olivenöl und Balsamicoessig vermengen.

4. Hüftsteaks waschen, trockentupfen und mit Salz würzen. Öl in einer Pfanne erhitzen und Fleisch je nach gewünschtem Gargrad bei starker Hitze von jeder Seite ca. 2–3 Minuten braten. Pfeffern und in feine Scheiben schneiden.

5. Kichererbsensalat mit den Hüftsteak-Stücken gemeinsam in Schüsseln anrichten und mit Basilikum garniert servieren.

 To go: Die Kichererbsen und das Gemüse kann man schon am Vorabend zubereiten und am nächsten Tag nur noch das Fleisch frisch anbraten.

GF   LF

Vegane Variante: *Statt Fleisch einfach mehr Gemüse verwenden oder z.B. zusätzlich Karotten in Streifen schneiden und mit der Zucchini gemeinsam anbraten.*

GLASNUDELSALAT-BOWL MIT POCHIERTEM HUHN

FÜR HUNGRIGE DER IDEALE SALAT: ER MACHT NICHT NUR SCHNELL SATT, SONDERN DIE SÄTTIGUNG HÄLT DANK DER KOHLENHYDRATE UND PROTEINE AUCH LANGE AN. VERFEINERT MIT FRISCHER MINZE IST HIER **SCHNELL EIN LECKERES ESSEN** GEZAUBERT. BEI DER MINZE KANN MAN GESCHMACKLICH VARIIEREN, Z.B. MIT ZITRONEN- ODER ORANGENMINZE, APFEL-, SCHOKO- ODER ANANASMINZE. DAS FEINAROMATISCHE KRAUT GIBT JEDEM GERICHT EINE UNVERWECHSELBARE NOTE UND IST OBENDREIN SEHR GESUND.

 ZZ: 25 MINUTEN

 SF: 25 MINUTEN

ZUTATEN FÜR 2 PERSONEN:

100 g feine Glasnudeln

200 g Spinat

1 Knoblauchzehe

1 Schalotte oder ½ Zwiebel

2 EL Butter

100 g frische Mungobohnensprossen

FÜR DAS POCHIERTE HUHN::

ca. 700 ml Gemüsebrühe

2 Frühlingszwiebeln

1 Knoblauchzehe

1 EL Zitronensaft

1 EL Pfefferkörner

Salz

250 g Hühnerbrustfilets

DRESSING:

asiatisches Dressing (s. S. 158)

½ Bund Koriander

TOPPING:

2 EL schwarzer und weißer Sesam

Minze

1 Chilischote

1. In einer Pfanne Gemüsebrühe zum Kochen bringen. Frühlingszwiebeln, geschälten Knoblauch, Zitronensaft, Pfeffer und Salz hinzugeben. Filets im Ganzen auf mittlerer Flamme ca. 15 Minuten offen köcheln lassen. Aus dem Sud nehmen, mit kaltem Wasser abschrecken und in Streifen zupfen.

2. Glasnudeln in eine Schüssel geben, mit kochendem Wasser übergießen und ca. 5 Minuten ziehen lassen. Nudeln abgießen, mit kaltem Wasser abschrecken und abtropfen lassen.

3. Spinat waschen und trockenschütteln. Knoblauch und Schalotte schälen und beides fein hacken. Butter in einem kleinen Topf zergehen lassen, Knoblauch sowie Schalotte darin anschwitzen. Spinat noch etwas feucht hinzugeben und bei mittlerer Hitze ca. 5 Minuten köcheln, bis der Spinat zusammengefallen ist.

4. Korianderblätter abzupfen, fein hacken und unter das Dressing mengen. Chilischote entkernen, in feine Ringe schneiden.

5. Glasnudeln und Mungobohnensprossen in Bowls anrichten, mit Dressing übergießen. Spinat und Filetstücke hinzufügen, mit Sesam bestreuen, mit Chili und Minze garniert servieren.

Glutenfrei *bei Verwendung von Tamari bzw. glutenfreier Sojasauce für das Dressing*

Vegetarische Variante: *250 g Räuchertofu würfeln und in Sesamöl rundum kurz anbraten*

KÜCHENHELFER

Ich werde oft gefragt, ob man für die LCF-Küche eine **BESONDERE AUSRÜSTUNG** braucht. Nein, **GANZ IM GEGENTEIL.** Die Anzahl meiner Küchenhelfer ist sehr überschaubar.

Lange bin ich ohne sie ausgekommen – heute kann ich mir meine **Küchenmaschine** nicht mehr aus der Küche wegdenken. Grundsätzlich gilt bei allen Anschaffungen von Küchenausstattung: Qualität geht vor Quantität. Vor dem Kauf sollte man sich immer fragen: Brauche ich dieses Gerät wirklich? Passt es zu meinen Koch-Vorlieben, zu dem, was ich zubereite und wie ich koche? Kurz gesagt: Passt es zu meinen Koch-Bedürfnissen?

Nicht nur aufgrund ihrer Multifunktionalität ist die wichtigste Anschaffung meiner Meinung nach eindeutig eine **Küchenmaschine:** Wenn man gern viel auf einmal, für mehr Menschen oder auf Vorrat kocht, sind Küchenmaschinen die idealen Helfer. Sie erledigen mühelos, was in früheren Generationen in anstrengender Handarbeit gemacht werden musste.

Ich koche viel mit Nüssen und veganen Cremen, dafür ist eine Küchenmaschine unabdingbar. Ich kann mit meiner Maschine von Mehl über selbstgemachte Cashewmilch oder Shakes bis zu Teig und Eis alles einfach und schnell zubereiten.

> **Ein kleines, aber heißgeliebtes Highlight in meiner Küche ist definitiv auch der Spiralschneider** für Zucchininudeln, spiralisierte Karotten oder Gurken. Diese Art Gemüse zu schneiden ist immer wieder eine Überraschung für Gäste und kommt sehr gut an.

Besonders imponierend finde ich Mixer, die Obst und Gemüse im Handumdrehen klein hacken und aus dem Originalprodukt das Beste an Vitaminen und Enzymen herausholen. **Ein Standmixer ist wärmstens zu empfehlen.** Er eignet sich super für Saucen, Shakes, Smoothies, Suppen, Dips und Co. Mixer bekommt man heutzutage sehr günstig – natürlich sind nicht alle gleich gut und es gibt große Preis- und Qualitätsunterschiede.

Ein echter Geheimtipp ist ein Mixer im Büro. Anstatt schnell ein Sandwich oder eine ungesunde Pizza zu verschlingen, kannst du dir einen frischen, gesunden Smoothie mit vielen Nährstoffen mixen. Das geht superschnell und ganz ohne Küchen-Gerüche, die in engen Räumlichkeiten von den Kolleginnen und Kollegen als störend empfunden werden könnten. Manche Mixer erhitzen das Gemixte gleich – ideal als Suppe zu Mittag.

RAW

Mixer sind auch deshalb für die LCF-Küche wichtige Küchenhelfer, weil es eines der Ziele von LCF ist, immer so viele Nährstoffe wie möglich aus unserem Essen verwertbar zu machen. Entscheidend ist nicht nur, mit welchen Zutaten ich koche, sondern auch, wie ich sie zubereite.

RAW-Lebensmittel, d.h. rohe, nicht gegarte Lebensmittel wie rohes Obst und Gemüse, liefern grundsätzlich höhere Nährwerte als gekochte Zutaten, vor allem Vitamine und Antioxidantien. Gemüse, Obst und Wildpflanzen und deren unbehandelt wertvolle Inhaltsstoffe sollen dir zu 100 Prozent zur Verfügung stehen. In RAW-Qualität bleibt das Beste im Gemüse und anderen roh genießbaren Lebensmitteln in unveränderter Qualität erhalten. Es gibt keine Einbußen durch Erhitzen und zu lange oder falsche Zubereitung. Deshalb integriert LCF immer wieder RAW-Rezepte. Für diese Rezepte ist ein Mixer ganz besonders hilfreich.

WARME FRUCHTSALAT-BOWL

AUSPROBIEREN LOHNT SICH! FÜR DIE WARME FRUCHTSALAT-VARIANTE EIGNEN SICH NICHT ALLE OBSTSORTEN. IDEAL SIND STEINOBST UND AUCH EINIGE SORTEN KERNOBST WIE ÄPFEL, BIRNE ODER MANCHE BEEREN. IM GEGENSATZ ZU KOMPOTT WIRD DAS OBST HIER **WIE GEMÜSE GERÖSTET.** DIE VIELEN VITAMINE, MINERAL- UND GESCHMACKSSTOFFE BLEIBEN ERHALTEN.

ZZ: 15 MINUTEN

SF: 25 MINUTEN

ZUTATEN FÜR 2 PERSONEN:

2 Pfirsiche

4 Zwetschgen

2 Kiwis

2 Bananen

2 Feigen

1 Handvoll Erdbeeren

1 Handvoll blaue Trauben

1 Handvoll Kirschen

TOPPING:

40 g Mandeln

2 EL Kokosflocken

Minze

Honig

1. Backofen auf 180 °C Umluft (200 °C Ober-/Unterhitze) vorheizen. Pfirsiche und Zwetschgen halbieren, entkernen und in Spalten schneiden. Kiwis schälen und in Scheiben schneiden. Bananen schälen und in mundgerechte Stücke schneiden. Feigen, Erdbeeren und Trauben halbieren.

2. Alle Früchte im vorgeheizten Ofen ca. 10–15 Minuten garen.

3. In der Zwischenzeit Mandeln hacken und mit Kokosflocken mischen. Früchte aus dem Ofen nehmen, mit der Mandel-Kokosflocken-Mischung und frischer Minze garnieren und mit Honig nach Belieben beträufelt in Schüsseln servieren.

Tipp: Schmeckt besonders gut mit Naturjoghurt, griechischem Joghurt oder Vanilleeis.

To go: Ideal zum Vorbereiten; kalt oder erwärmt genießen – ein süßer und gesunder Snack zwischendurch.

Saisonal: Früchte und Beeren der Saison verwenden.

GF   LF   VEG

Vegane Variante:
Ahornsirup statt Honig verwenden

ZOODLES-LACHS-BOWL

Noodles kommt von Nudeln, Zoodles von Zucchini. Das Kürbisgemüse wird hier einfach mit dem Julienne-Schneider in Spaghettiform gebracht. Mit dem schönen Farbkontrast zum Lachs ein **ECHTER AUGENSCHMAUS.** Zucchini sind kalorienarm, vitaminreich (A+E), enthalten viel Kalium, Calcium sowie Phosphor und Eisen. Lachs enthält jede Menge Omega-3-Fettsäuren und sollte deshalb öfter auf dem Speiseplan stehen.

 ZZ: 25 MINUTEN

SF: 25 MINUTEN

ZUTATEN FÜR 2 PERSONEN:

2 Lachsfilets à 150 g

2 EL Sesam- oder Olivenöl

Salz

Pfeffer

1 grüne Zucchini

1 gelbe Zucchini (wenn schwer verfügbar, 1 grüne Zucchini)

DRESSING:

1 daumengroßes Stück Ingwer

Schale einer halben unbehandelten Zitrone

1 TL Honig

¼ TL Chilipulver

½ EL Zitronensaft

½ TL Salz

30 ml brauner Reisessig

40 ml Sojasauce

1 EL Olivenöl

1 EL Sesamöl

TOPPING:

2 EL Pinienkerne

Zeste einer unbehandelten Zitrone

essbare Blüten

1. Für das Dressing Ingwer reiben und mit Zitronenabrieb sowie Honig und Chilipulver gut vermischen. Anschließend Zitronensaft, Salz, Reisessig, Sojasauce, Oliven- und Sesamöl hinzugeben und alles gut vermischen.

2. Enden der Zucchini abschneiden und die Zucchini mit einem Spiralschneider durch Drehbewegung oder mit einem Julienne-Schäler in dünne Streifen schneiden. 30 Sekunden lang mit heißem Wasser abbrausen.

3. Sesamöl in einer Pfanne erhitzen. Lachs darin rundum braten. Mit Salz und Pfeffer würzen.

4. Pinienkerne ohne Fett in einer Pfanne rösten. Zucchininudeln in Schüsseln aufteilen, mit dem Dressing marinieren, Lachsstücke darüber geben und mit Pinienkernen, Zitronenzeste und essbaren Blüten garniert servieren.

 Glutenfrei *bei Verwendung von Tamari bzw. glutenfreier Sojasauce*

LF

MEXIKANISCHE TORTILLA-BOWLS

TEMPERAMENTVOLL BIS FEURIG IN OPTIK UND GESCHMACK. AUF DIE MEXIKANISCHE BOWL HAT MAN ÖFTER LUST. MIT PAPRIKA, AVOCADO UND TORTILLAS VERBINDET SIE **VERSCHIEDENE TEXTUREN:** CREMIG, KNACKIG UND KNUSPRIG. GROSSE UND KLEINE KINDER LIEBEN DAS. PAPRIKA SIND REICH AN VITAMIN C, AVOCADOS HABEN EINEN HOHEN ANTEIL AN UNGESÄTTIGTEN FETTSÄUREN UND KALIUM. **ECHTES SUPERFOOD!**

 ZZ: 25 MINUTEN

 SF: 25 MINUTEN

ZUTATEN FÜR 2 PERSONEN:

einige Blätter Römersalat

2 Tomaten

1 rote Paprika

¼ Rotkohl

200 g Kidneybohnen aus der Dose

100 g Mais aus der Dose

4 Vollkorntortillas

150 g saure Sahne

FÜR DIE GUACAMOLE:

½ Limette

1 Knoblauchzehe

1 Tomate

1 Frühlingszwiebel

2 Avocados

1 EL Olivenöl

1 Msp. Chilipulver

Salz, Pfeffer

TOPPING:

½ Bund Koriander

Chiliflocken

1 Limette

1. Für die Guacamole Limette pressen. Knoblauch schälen und fein hacken. Stielansatz der Tomate keilförmig herausschneiden, Tomate würfeln. Frühlingszwiebel in sehr feine Scheiben schneiden.

2. Avocados halbieren, Kern entfernen, Fruchtfleisch mit einem Löffel ausschaben und in eine kleine Schüssel geben. Mit einer Gabel gut zerdrücken, mit Limettensaft und Olivenöl gut vermischen, bis eine cremige Masse entsteht. Tomatenwürfel, Chilipulver, Knoblauch und Frühlingszwiebel unterrühren und mit Salz und Pfeffer würzen.

3. Römersalat waschen und trockenschütteln. Stielansatz der Tomaten keilförmig herausschneiden, Tomaten in Würfel schneiden. Paprika halbieren, entkernen und in Würfel schneiden. Äußere Blätter des Rotkohls entfernen, Strunk herausschneiden, Blätter fein hobeln oder schneiden. Kidneybohnen und Mais abgießen.

4. Ofen auf ca. 150 °C Umluft (170 °C Ober-/Unterhitze) vorheizen. Tortillafladen in Alufolie wickeln, im vorgeheizten Ofen ca. 8–10 Minuten erwärmen.

5. Koriander abzupfen und fein hacken. Tortillas aus dem Ofen nehmen und mit Römersalat, Mais, Kidneybohnen, Guacamole, Tomaten- und Paprikawürfeln und saurer Sahne füllen. In Bowls anrichten. Limette achteln. Tortillas mit Koriander und Chiliflocken bestreuen und mit Limettenspalten servieren.

Tipps: Schmecken auch mit 300 g Rinderhack oder 100 g Fetawürfeln sehr lecker.
Rotkohl macht die Tortillas frisch und knackig und verleiht ihnen eine schöne Farbe, ist aber nicht zwingend notwendig.
Tortillas sind ein sehr geselliges Essen, bei dem jeder seine Tortillas selber nach Lust und Laune füllen kann – ideal, um Gäste zu bewirten.

 To go: Tortillas sind schnell zubereitet und sehr praktisch für die schnelle Mittagsküche.

 VEG — Glutenfrei *bei Verwendung von Mais-Tortillas*

VEGETARISCHE PAD-THAI-BOWL

GEMÜSE IN **ABWECHSLUNGSREICHER UND GESCHMACKVOLLER MISCHUNG** MIT NÜSSEN UND EINEM HERRLICHEN DRESSING MACHT DIESEN ROHKOSTSALAT SO WERTVOLL UND BELIEBT.

 ZZ: 25-30 MINUTEN

SF: 25-30 MINUTEN

ZUTATEN FÜR 2 PERSONEN:

1 Zucchini

2 Karotten

1 rote Paprika

¼ Rotkohl

200 g Reisnudeln

1 Bund Koriander

1 EL Sesamöl

DRESSING:

1 Limette

2 EL ungesalzene Erdnüsse

1 daumengroßes Stück Ingwer

1 Knoblauchzehe

3 EL Sojasauce

2 EL Sesamöl

1 EL Reisessig

3 EL Honig

TOPPING:

1 Handvoll Erdnüsse

1. Zucchini und Karotten waschen und mittels eines Spiralschneiders in Spiralen schneiden. Paprika halbieren, entkernen und in feine Stifte schneiden. Rotkohl waschen, äußere Blätter entfernen, Strunk herausschneiden und Blätter fein hobeln oder schneiden.

2. Reisnudeln in einer Schüssel mit heißem Wasser für ca. 10 Minuten einweichen (müssen nicht gekocht werden). Anschließend gut abtropfen lassen. Koriander waschen, trockenschütteln, Blätter abzupfen und fein hacken. Alle Bowl-Zutaten mit den Reisnudeln vermengen und in Schüsseln aufteilen.

3. Für das Dressing Limette pressen. Erdnüsse hacken. Ingwer und Knoblauch schälen und beides fein hacken. Alle Dressingzutaten gut vermengen.

4. Gemüse und Reisnudeln mit dem Dressing beträufeln und ca. 10 Minuten ziehen lassen. Mit gehackten Erdnüssen garniert servieren.

Tipp: Schmeckt auch mit scharf angebratenen Hühnerbruststreifen sehr gut.

To go: Diesen Salat kann man sehr gut am Vortag zubereiten – länger mariniert schmeckt er noch besser.

Smoothie-Bowls

Das
LCF
Prinzip

SMOOTHIES SIND EIN IDEALER SNACK
ZWISCHENDURCH. SEHR LECKER
SCHMECKEN SIE AUCH ZUM FRÜHSTÜCK,
SIE SIND SCHNELL GEMACHT UND
SUPERGESUND. IN BOWLS HÜBSCH
ANGERICHTET, BIETEN SIE EINEN GANZ
BESONDEREN AUGENSCHMAUS.
DAS AUGE ISST JA BEKANNTLICH MIT.

KURKUMA-SMOOTHIE-BOWL

KURKUMA KLINGT EIN BISSCHEN WIE EINE **ZAUBERFORMEL** — UND IST ES AUCH. STARK FÜRS IMMUNSYSTEM, **ENTGIFTEND, WÄRMEND,** TOLL IM GESCHMACK UND IN DER FARBE.

ZZ: 5–10 MINUTEN

SF: 5–10 MINUTEN

ZUTATEN FÜR 2 PERSONEN:

1 EL Kurkuma

1 gefrorene Mango (s. Tipp)

250 g Naturjoghurt

300 ml Kokoswasser

TOPPING

1 Mango

2 Feigen

4 EL Kokosflocken

4 EL Pistazien

1. Alle Bowl-Zutaten in einen Mixer geben und zu einem cremigen Smoothie verarbeiten.

2. Mango für das Topping schälen und in feine Scheiben schneiden. Feigen halbieren. Smoothie in Bowls mit Feigen, Kokosflocken, Pistazien und Mangoscheiben garniert servieren.

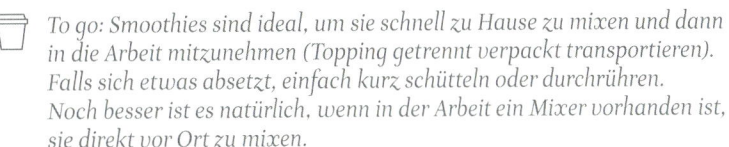

Tipp: Mangos lassen sich sehr gut tiefkühlen: einfach schälen, entkernen, in Stücke schneiden und in Gefrierbeuteln einfrieren. Alternativ kann man für dieses Rezept auch eine frische Mango und einige Eiswürfel nehmen.

To go: Smoothies sind ideal, um sie schnell zu Hause zu mixen und dann in die Arbeit mitzunehmen (Topping getrennt verpackt transportieren). Falls sich etwas absetzt, einfach kurz schütteln oder durchrühren. Noch besser ist es natürlich, wenn in der Arbeit ein Mixer vorhanden ist, sie direkt vor Ort zu mixen.

GF **VEG**

SCHOKOLADEN-BEEREN-SMOOTHIE-BOWL

Kakao mit Vitamin B, rote Beeren als **ANTIAGING-ELIXIER,** dazu Eisen, Flavonoide und Vitamin C: eine **UNSCHLAGBARE KOMBINATION!**

⏱ ZZ: 10 MINUTEN

🍴 SF: 10 MINUTEN

ZUTATEN FÜR 2 PERSONEN:

100 g TK-Beeren

1 Banane

500 ml Mandelmilch (s. Tipp S. 133)

2 EL Kakao

2 TL Maca-Pulver

1 EL Kakaonibs

1 EL Gojibeeren

2 EL Kokosflocken

TOPPING:

2 EL Kakaonibs

2 EL roher Kakao

frische Beeren, z.B. Him-, Heidel- und Brombeeren

2 EL Gojibeeren

1. Alle Zutaten für die Bowl in einen Mixer geben und zu einer cremigen Masse mixen.

2. Masse in Schüsseln aufteilen und mit Kakaonibs, Kakao, frischen Beeren und Gojibeeren dekoriert servieren.

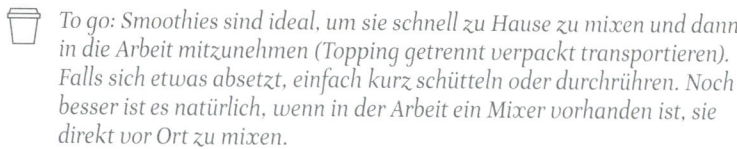

To go: Smoothies sind ideal, um sie schnell zu Hause zu mixen und dann in die Arbeit mitzunehmen (Topping getrennt verpackt transportieren). Falls sich etwas absetzt, einfach kurz schütteln oder durchrühren. Noch besser ist es natürlich, wenn in der Arbeit ein Mixer vorhanden ist, sie direkt vor Ort zu mixen.

Saisonal: Frische Beeren weglassen oder durch Bananenscheiben ersetzen.

GF   LF   VG

POPEYE-SMOOTHIE-BOWL

Logo, hier ist Spinat drin! Grüne Power mit den besten Spurenelementen für Matrosen und ihre energiegeladenen Freundinnen. **GEBALLTE POWER, UM IN DEN TAG ZU STARTEN.**

ZUTATEN FÜR 2 PERSONEN:

1 Apfel

400 g Ananas (geschält gewogen)

4 Datteln

2 gefrorene, geschälte Bananen (s. Tipp S. 133)

160 g TK-Spinat

5 TL Weizengraspulver

ca. 450 ml Hafer- oder Mandelmilch (s. Tipp S. 133)

2 EL Honig

TOPPING:

½ Granatapfel

1 Kiwi

4 EL Chiasamen

2 EL Gojibeeren

2 EL Bananenchips

4 EL Kokosflocken

2 EL Kakaonibs

2 TL Kornblumenblüten nach Belieben

Minze

1. Apfel halbieren und vom Kerngehäuse befreien. Ananas würfeln, Datteln entsteinen. Alle Zutaten für die Bowl in einen Mixer geben und mixen, bis eine cremige homogene Masse entsteht.

2. Granatapfelkerne auslösen. Kiwi schälen und in Scheiben schneiden. Smoothie-Bowl mit Granatapfelkernen und den restlichen Topping-Zutaten dekorieren.

 To go: Smoothies sind ideal, um sie schnell zu Hause zu mixen und dann in die Arbeit mitzunehmen (Topping getrennt verpackt transportieren). Falls sich etwas absetzt, einfach kurz schütteln oder durchrühren. Noch besser ist es natürlich, wenn in der Arbeit ein Mixer vorhanden ist, sie direkt vor Ort zu mixen.

GF **LF** **VEG**

Vegane Variante: *Ahornsirup statt Honig verwenden*

SCHÖNHEITSTRUNK-BOWL MIT PFIRSICH UND HIRSE

HIRSE IST EIN **SCHÖNHEITSELIXIER** UND DURCH DEN HOHEN ANTEIL AN MINERALSTOFFEN UND SPURENELEMENTEN AUCH SEHR GESUND. DER HOHE ANTEIL AN SILIZIUM IN HIRSE LÄSST UNSERE **HAUT ERSTRAHLEN,** MACHT UNSERE **FINGERNÄGEL ROBUSTER** UND WIRKT SICH AUF DIE GESUNDHEIT UNSERER **HAARE** POSITIV AUS.

 ZZ: 5–10 MINUTEN

SF: 5–10 MINUTEN

ZUTATEN FÜR 2 PERSONEN:

2 Pfirsiche

200 ml Kokoswasser

200 ml Karottensaft (am besten frisch gepresst)

200 ml Buttermilch

2 EL Leinsamen

2 EL Hirseflocken

1 EL Honig

TOPPING:

1 Pfirsich

1 Handvoll Walnüsse

2 EL Hirseflocken

1. Pfirsiche entkernen und mit den anderen Zutaten für die Bowl in einen Mixer geben. Zu einem Smoothie mixen.

2. Pfirsich für das Topping entkernen und in Spalten schneiden. Smoothie in Schüssel geben und mit Walnüssen, Hirseflocken und Pfirsichspalten servieren.

Tipp: Aprikosen sagt man nach, dass sie wie Pfirsiche Beauty Food sind. Sie passen sehr gut statt Pfirsichen in diesen Smoothie.

To go: Smoothies sind ideal, um sie schnell zu Hause zu mixen und dann in die Arbeit mitzunehmen (Topping getrennt verpackt transportieren). Falls sich etwas absetzt, einfach kurz schütteln oder durchrühren. Noch besser ist es natürlich, wenn in der Arbeit ein Mixer vorhanden ist, sie direkt vor Ort zu mixen.

 GF VEG

DIE 10 BESTEN LEBENSMITTEL FÜR SCHÖNE HAUT

ALS ICH **MEINE ERNÄHRUNG** UMGESTELLT HABE, HAT SICH ALS EINE DER SICHTBARSTEN AUSWIRKUNGEN DER ZUSTAND MEINER HAUT VERBESSERT. KEIN WUNDER, DENN UNSERE **ERNÄHRUNG** HAT DIREKTEN **EINFLUSS AUF UNSER AUSSEHEN.**

Vor allem pflanzliche Lebensmittel gelten als wahre „Beauty Foods", da sie viel Vitamin A, B2, B3, C und E enthalten sowie die Spurenelemente Zink, Kupfer, Eisen und Selen. Diese Mikronährstoffe unterstützen die Bildung körpereigener Antioxidantien, die unsere Zellen vor negativen äußeren Einflüssen schützen und die so genannten freien Radikale unschädlich machen.

Gemeinsam mit der ausreichenden Versorgung mit Wasser und regelmäßiger Bewegung, die den Stoffwechsel und die Durchblutung fördert, ist unsere Ernährung ein wesentlicher Faktor für strahlenden Teint und glatte Haut.

1. WALNUSS

Walnüsse liefern außerordentlich viel Antioxidantien und Omega-3-Fettsäuren. Ähnlich wie meine geliebten Avocados enthalten sie viel Fett. Klingt nicht wirklich gesund? Doch, wenn man weiß, dass Walnüsse vor allem mehrfach ungesättigte Fettsäuren enthalten, die uns helfen, den Cholesterinspiegel zu regulieren und Herz und Blutgefäße zu schützen.

Für unsere Haut sind sie wichtig, weil sie uns mit Pantothensäure versorgen, die für ein glattes Hautbild verantwortlich ist.

2. KAROTTEN

Karottensaft wird gern mit etwas Olivenöl verfeinert und Karottengemüse mit etwas Butter. Das schmeckt nicht nur gut, sondern hat seinen Grund vor allem darin, dass Karotten fettlösliche Stoffe enthalten, die unser Körper durch das Fett besser aufnehmen kann. Ihre orange Farbe verdanken Karotten dem hohen Gehalt an Beta-Carotin (Provitamin A). Traditionell gelten Karotten deshalb als gesund für Menschen mit Sehschwäche oder anderen Augenproblemen, denn Beta-Carotin ist gut für unsere Sehkraft. Es ist aber auch die Vorläufersubstanz von Vitamin A. Dieses Vitamin brauchen wir für die gesunde Funktion unserer Haut und Schleimhäute. Da Beta-Carotin fettlöslich ist, sollte man Karotten immer mit ein wenig Fett genießen.

3. SESAMÖL

Sesamöl ist deshalb so wertvoll, weil es zu über 40 % mehrfach ungesättigte Linolsäure enthält. Dieser Stoff hat vielfältige positive Auswirkungen auf unseren Organismus: Er beeinflusst Blutgerinnung, Herz und Blutfettspiegel positiv, stärkt aber auch die Zähne. Außerdem hilft er vorbeugend gegen Osteoporose und Arterienverkalkung.

Für die Hautpflege ist Sesamöl unter anderem deshalb interessant, weil es pflanzliche Hormone enthält, die in unserem Körper ähnliche Effekte wie Östrogene haben können: Sie sorgen für die Einlagerung von Feuchtigkeit in der Haut und verleihen ihr dadurch ein frisches, gesundes Aussehen.

4. BUTTERMILCH

Milch- und Milchprodukte liefern viel Calcium und Vitamin B 12. Calciummangel kann sich unter anderem in trockener Haut äußern.

Unter den Milchprodukten ist Buttermilch deshalb besonders empfehlenswert, weil sie sehr fettarm ist, die Nährstoffe also nicht mit einem hohen Gehalt an Fett einhergehen.

Ein echter Geheimtipp für glatte, schöne Haut ist ein Buttermilchbad: Ca. 2 Liter Buttermilch in der Wanne mit warmem Wasser aufgießen, 15 bis 20 Minuten baden. Nachher nicht abspülen oder duschen, sondern direkt aus der Wanne in Handtücher einwickeln und gemütlich ausruhen.

5. SPINAT

Auch wenn es mittlerweile erwiesen ist, dass der Mythos, Spinat sei so gesund, weil er unglaublich viel Eisen enthalte, auf einem Fehler beruht hat, bleibt festzustellen: Spinat ist sehr gesund und ein wichtiger Vitamin- und Mineralstofflieferant. Besonders reich ist er an Vitamin B, Beta-Carotin, Vitamin C und Folsäure. Zudem enthält er Phosphor, Kalium, Calcium, Magnesium und Eisen. Er regt die Produktion der Magensäfte an und wirkt wohltuend auf unsere Verdauung. Mit Blick auf die Hautgesundheit sind vor allem die in Spinat enthaltenen Folate interessant: Sie können die DNA unserer Zellen schützen und dadurch die Zellregeneration unterstützen.

6. RADIESCHEN

Radieschen sind wahre Multitalente: Sie enthalten Eisen, das gegen Erschöpfung und Müdigkeit hilft. Außerdem liefern sie Selen für unser Immunsystem, Magnesium für das Herz, Kalium für die Muskeln und Nerven und enthalten viel Vitamin C sowie Folsäure. Letztere ist auch als Vitamin B9 bekannt und unter anderem für Zellteilung und Zellwachstum wichtig.

Das macht sie so bedeutsam für unsere Haut, denn diese zählt zu den Gewebearten mit sehr hoher Zellteilungsrate. Etwas ganz Besonderes sind die schwefelhaltigen Senföle, die Radieschen den Geruch und ihren typischen, scharfen Geschmack verleihen. Diese Wirkstoffe bekämpfen Bakterien und vor allem Pilze im Magen- und Darmbereich. Deshalb können Radieschen die menschliche Darmflora positiv beeinflussen.

7. TOMATEN

Die in Österreich liebevoll „Paradeiser" (= Paradiesäpfel) genannten Tomaten enthalten sieben verschiedene Mineralstoffe, zehn Spurenelemente und 13 Vitamine, vor allem Vitamin C, Beta-Carotin und Vitamine der B-Gruppe. Zwei Tomaten reichen, um unseren Tagesbedarf an einigen wichtigen Mineralstoffen zu decken.

Für die Haut ist vor allem das Lycopin bedeutsam, das Tomaten ihre rote Farbe verleiht. Lycopin ist das effektivste Antioxidans, das die Natur zu bieten hat. Antioxidantien machen freie Radikale unschädlich, die Zellen schädigen sowie Krebs und Herz-Kreislauf-Krankheiten fördern können.

8. APRIKOSEN

Aprikosen schmecken nicht nur unglaublich lecker, sie sind auch wahre Gesundheitsbooster: Sie enthalten Antioxidantien, Beta-Carotin, Vitamin C und E, die B-Vitamine 1–6, Calcium, Magnesium, Kalium, Phosphor, Kupfer, Natrium, Folsäure und Eisen.

Beta-Carotin und Vitamin E schützen die Haut vor UV-Strahlen, Folsäure hilft der Haut bei der Zellteilung und Vitamin B5, auch Pantothensäure genannt, sorgt für ein schönes Erscheinungsbild der Haut.

9. KOHL

Schon in der Antike wurde Kohl verwendet, um die Haut zu reinigen. Heute wissen wir, dass Kohl zahlreiche antioxidative und entgiftende Wirkstoffe enthält. Ca. 250 g Weißkohl decken zum Beispiel den Tagesbedarf an Vitamin C, seine Verwandten Rosenkohl und Brokkoli liefern sogar noch mehr Vitamin C.

Für unsere Haut ist Kohl auch vor allem deshalb so wertvoll, weil er Wirkstoffe enthält, die die Zellerneuerung unterstützen und das Bindegewebe stärken.

10. MANDELN

Mandeln sind reich an Vitamin B1 und B2 und Fettsäuren sowie an den Mineralstoffen Calcium, Kalium und Magnesium. Sie helfen, den Cholesterinspiegel zu senken und das Risiko für Arteriosklerose und Herz-Kreislauf-Erkrankungen zu verringern.

Für die Haut sind sie unter anderem deshalb so wertvoll, weil sie voller Antioxidantien stecken und einen hohen Vitamin-E-Gehalt aufweisen. Dadurch wirken sie wie ein natürlicher Schutz vor Sonnenbrand.

CREMIGE HAFERFLOCKEN-BANANEN-BOWL

MIT DIESEM SUPERLECKEREN UND CREMIGEN SMOOTHIE KANN MAN SATT UND ENERGIEGELADEN IN EINEN LANGEN TAG STARTEN UND TAGSÜBER DURCHHÄNGER VERTREIBEN.

ZZ: 10 MINUTEN

SF: 10 MINUTEN

ZUTATEN FÜR 2 PERSONEN:

1 gefrorene, geschälte Banane
(s. Tipps)

1 TL Maca-Pulver

1 EL roher Kakao

9 EL Haferflocken

400–500 ml Hafer- oder Mandelmilch
(s. Tipps)

1 EL Honig

TOPPING:

1 Banane

2 EL roher Kakao

4 EL Kokosflocken

2 EL Haferflocken

1. Alle Zutaten für die Bowl in einen Mixer geben und zu einer cremiger Masse mixen.

2. Banane schälen und in Scheiben schneiden. Bowl mit Bananenscheiben, Kakao, Kokos- und Haferflocken garnieren und servieren.

Tipps: Ich habe immer ein paar gefrorene Bananen auf Vorrat, weil sie Smoothies so wunderbar cremig machen: Reife Bananen schälen, in ca. 1,5 cm dicke Scheiben schneiden, auf einem Brett oder Blech ausbreiten, sodass die Scheiben nicht „zusammenfrieren", und tiefkühlen. Am nächsten Tag gefrorene Scheiben in Tiefkühlbehälter oder -beutel umfüllen, so nehmen sie weniger Platz weg.
Mandelmilch lässt sich leicht selber machen: 100 g blanchierte Mandeln im Mixer mahlen. 250 ml stilles Wasser dazugeben, 1 kleine Prise Salz und, wenn gewünscht, 1 EL Ahornsirup hinzufügen. Nochmals für ca. 10 Sekunden mixen.

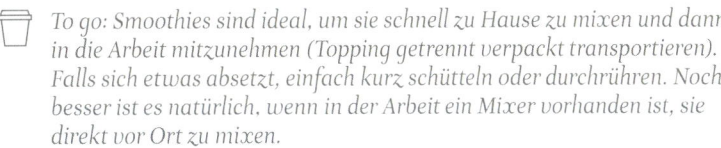

To go: Smoothies sind ideal, um sie schnell zu Hause zu mixen und dann in die Arbeit mitzunehmen (Topping getrennt verpackt transportieren). Falls sich etwas absetzt, einfach kurz schütteln oder durchrühren. Noch besser ist es natürlich, wenn in der Arbeit ein Mixer vorhanden ist, sie direkt vor Ort zu mixen.

LF **VEG**

Glutenfrei *bei Verwendung von zertifizierten glutenfreien Haferflocken*

Vegane Variante: *Ahornsirup statt Honig verwenden*

Dessert-Bowls

Das LCF Prinzip

ICH LIEBE SÜSSES!
MEINE DESSERT-BOWLS BIETEN
GESUNDEN GENUSS VON KÖSTLICH-
CREMIG ÜBER FRUCHTIG BIS ZU
SCHOKOLADIGEN BROWNIES – DA IST
FÜR JEDEN ETWAS DABEI.

ERDNUSSBUTTER-HIMBEER-EIS-BOWL

SCHMECKT **SÜNDIG GUT,** OBWOHL DIESE BOWL ALLES ANDERE ALS SÜNDIG IST. ERDNUSSBUTTER UND EIS? JA, DIESE KOMBINATION IST WIRKLICH FANTASTISCH. FÜR MICH IST DIESE BOWL MIT FRISCHEN BEEREN EINE KÖSTLICHE BELOHNUNG. MEINE VITAMIN-&-MINERALSTOFF-BOWL, WENN DER ALLTAG RAUS MUSS.

 ZZ: 5–10 MINUTEN

SF: 5–10 MINUTEN

ZUTATEN FÜR 2 PERSONEN:

250 g TK-Himbeeren

2 EL Erdnussbutter

1 EL Honig

TOPPING:

frische Beeren, z.B. Heidel-, Johannis- und Brombeeren

essbare Blüten (nach Verfügbarkeit)

1. Alle Zutaten für die Bowls in einen Mixer geben und eine cremige Eismasse daraus mixen.

2. Masse in Schüsseln aufteilen und mit frischen Beeren und essbaren Blüten garniert servieren.

Tipps: Eistüten schmecken sehr gut dazu.
Statt Erdnussbutter passen auch Mandelmus oder Tahini.

Saisonal: Schmeckt auch ohne frische Beeren als Topping sehr gut!

GF   LF   VEG

 **Vegane Variante:** *Ahornsirup statt Honig verwenden*

BRATAPFEL-BOWL MIT NÜSSEN UND VANILLESAUCE

Das gab's schon bei meiner Uroma. Auf dem Land ist der Bratapfel noch immer eines der beliebtesten Winterdesserts. Die beste Antwort auf Trübsal und Kälte ist er auf jeden Fall. Oder wie es auf den Britischen Inseln heisst: **AN APPLE A DAY KEEPS THE DOCTOR AWAY.**

 ZZ: 15 MINUTEN

SF: 45 MINUTEN

ZUTATEN FÜR 2 PERSONEN:

50 g Walnusskerne

50 g Haselnüsse

4 EL Honig

1 TL Zimt

4 mittelgroße Boskoop-Äpfel

4 TL Butter

FÜR DIE VANILLESAUCE:

Mark einer Vanilleschote

250 ml Kokosmilch

1 EL Kokosblütenzucker

1. Backofen auf 180 °C Ober-/Unterhitze (160 °C Umluft) vorheizen. Nüsse hacken. Honig mit gehackten Wal- und Haselnüssen sowie Zimt vermengen.

2. Deckel der Äpfel abschneiden und Äpfel aushöhlen. Eine backofenfeste Form mit etwas Wasser füllen und Äpfel in die Form stellen. Butterflocken in das Wasser geben. Äpfel mit der Nuss-Honig-Mischung füllen.

3. Äpfel in den vorgeheizten Ofen geben und ca. 30 Minuten zugedeckt backen, bis die Apfelschale Risse bekommt.

4. Ca. 10 Minuten vor Backende der Äpfel die Vanillesauce zubereiten. Dafür das Mark der Vanilleschote auskratzen und in einem kleinen Topf mit Kokosmilch und Kokosblütenzucker mischen und erwärmen.

5. Heiße Äpfel mit der Vanillesauce in Schüsseln anrichten und servieren.

GF

VEG

Vegane und laktosefreie Variante: *Kokosöl und Ahornsirup statt Butter und Honig verwenden*

FEIGEN-BOWL MIT GRIECHISCHEM JOGHURT

WENN'S **PARADIESISCH** SCHMECKEN SOLL, MUSS SCHON EINE PARADIESFRUCHT HER! FRISCHE FEIGEN SIND **MYTHISCHE FRÜCHTE** – SÜSS, BALLASTSTOFFREICH UND ECHTES POWERFOOD. REICH AN CALCIUM, PHOSPHOR UND EISEN UND BESONDERS AM „NERVENSTARKEN" VITAMIN B1.

 ZZ: 10 MINUTEN

SF: 25 MINUTEN

ZUTATEN FÜR 2 PERSONEN:

8 Feigen

Saft einer halben Orange

2 EL Butter

2 EL Honig

200 g griechischer Joghurt

Mark einer Vanilleschote

TOPPING:

50 g Mandelblättchen

4 EL Kokosraspeln

2 EL Honig

4 Zweige rote Johannisbeeren

1. Backofen auf 180 °C Ober-/Unterhitze (160 °C Umluft) vorheizen. Feigen halbieren und in eine Backform legen. Orangensaft mit zerlassener Butter über die Feigen träufeln. Feigen mit Honig beträufeln und ca. 15–20 Minuten im Ofen garen.

2. Mandeln ohne Fett in einer Pfanne rösten. Joghurt in den Schüsseln aufteilen, mit Vanillemark mischen und mit Kokosraspeln bestreuen. Feigen aus dem Ofen nehmen und ebenfalls in die Schüssel geben. Mit Honig beträufeln und mit Mandelblättchen und Johannisbeeren servieren.

 Tipp: Schmeckt himmlisch mit Kokos- oder Vanilleeis.

Saisonal: Als Topping passen statt Johannisbeeren auch z.B. Granatapfelkerne sehr gut.

MACH'S LEICHTER

Fettarmen Joghurt statt griechischem Joghurt nehmen.

GF **VEG**

GLÜCKLICHMACHER

LEBENSMITTEL KÖNNEN **ERSTAUNLICHE** UND UNGLAUBLICH DIFFERENZIERTE WIRKUNGEN NICHT NUR AUF UNSEREN **KÖRPER,** SONDERN AUCH AUF UNSERE **PSYCHE** HABEN.

Ingwer z.B. ist so ein Lebensmittel. Er wärmt uns von innen, stärkt unser Immunsystem, wirkt antibakteriell, macht uns leistungsfähiger und kurbelt unsere Verdauung an. Wie Vanille und Kardamom, die harmonisierend wirken, soll Ingwer auch Einfluss auf unsere Libido haben.

Wenn es unserem Bauch bzw. unserer Verdauung gut geht, geht es uns „rundum" gut. Auf sein Bauchgefühl zu hören, ist nie verkehrt! Dafür sind Gewürze mit vielen ätherischen Ölen ideal, denn sie entfachen das Magenfeuer und das wiederum verwandelt Nahrung in Energie.

Am besten viel Koriander, Kümmel, Senf, Galgant und Petersilie essen und den Glücklichmacher Tryptophan in den täglichen Ernährungsplan integrieren. Er kommt in vielen meiner Rezepte vor, da er in Nüssen und Bananen zu finden ist, die ich viel verwende. Am besten gelangt der Botenstoff Tryptophan ins Gehirn, wenn die Speisen eiweißarm und gleichzeitig reich an Kohlenhydraten sind.

KÖSTLICHE ERINNERUNGEN

In Erinnerungen schwelgen ist etwas Schönes. Vor allem wenn es um Kindheits- oder Jugenderinnerungen geht und die Lieblingsspeisen aus dieser Zeit.

Mir kommt da sofort der leckere Gemüsestrudel unserer Nachbarin in den Sinn. Und natürlich Mamas Tafelspitz mit Kartoffelpüree und Karottengemüse. Oder ihre köstliche Quark-Sahne-Torte, die es nach wie vor bei jedem Geburtstag gibt. Ein Traum war auch immer ihr selbstgemachtes Birchermüsli zum Frühstück mit warmem Kakao dazu.

Duft, Geschmack, Stimmung von Mahlzeiten bleiben uns lange im Gedächtnis. Meist nehmen wir Essen oder Nahrung als etwas Selbstverständliches hin.

Und doch ist es viel mehr. Essen ist lebensnotwendig, und gleichzeitig kann und sollte es ein Vergnügen sein.

Mein Credo: Essen muss schmecken und uns zufrieden und glücklich machen. Oft stimmt uns bereits die freudige Erwartung auf etwas Leckeres, auf unser Lieblingsessen, glücklich. Der Anblick von Köstlichkeiten setzt im Gehirn die Produktion des Glückhormones Dopamin in Gang.

Die Wirkung der Nahrung auf unseren Körper ist mindestens ebenso direkt und differenziert wie jene auf unsere Psyche. Deshalb ist die optimale Kombination von Lebensmitteln so wichtig. Versorgst du deinen Körper mit den optimalen Nährstoffen, wirst du mit mehr Energie, mehr Leistungsfähigkeit und auch mit guter Laune belohnt.

Bananen zählen z.B. genauso wie Schokolade zum so genannten Mood Food. Sicher hast du schon davon gehört, dass Schokolade glücklich macht. Eigentlich trifft das aber nur auf den darin verarbeiteten Kakao zu. Er enthält wertvolle Substanzen, unter anderem Theobromin, Serotonin und Dopamin, die eine stimmungsaufhellende Wirkung hervorrufen können. Serotonin steckt auch in Bananen.

Ein Mangel an Serotonin im Körper kann depressive Verstimmungen auslösen. Schokolade enthält Tryptophan, eine Vorstufe des Serotonins. Kein Wunder also, dass es so viele „Schoko-Junkies" gibt.

Das Tolle und die gute Nachricht dabei ist aber, dass **purer Kakao ein sehr hochwertiges, gesundes Lebensmittel ist, das ihn zu einem Fixstarter in der LCF-Küche macht.**

RICH CHOCOLATE BOWL

Ich kann auf vieles verzichten, nicht aber auf verführerische Schokolade. Wenn sie dann noch so dunkel, cremig und leicht in der Bowl aufgetischt wird, geht's sogar ganz ohne Reue. Hier stecken die besten Kakaobohnen drin — **EIN APHRODISIAKUM UND NERVENFUTTER!**

 ZZ: 10 MINUTEN

SF: 10 MINUTEN

ZUTATEN FÜR 2 PERSONEN:

1 Avocado

1 Banane

2 EL roher Kakao

2 EL Kakaonibs

1 EL Ahornsirup (nach Belieben)

1 TL Zimt

TOPPING:

2 Handvoll Haselnüsse

2 EL Kakaonibs

2 EL getrocknete Cranberrys

1. Avocado schälen, entkernen und Fruchtfleisch in einen Mixer geben. Banane schälen und ebenfalls in den Mixer geben. Restliche Bowl-Zutaten hinzugeben und alles gut mixen, bis eine cremige Masse entsteht.

2. In kleine Schüsseln aufteilen und mit gehackten Haselnüssen, Kakaonibs und Cranberrys garniert sofort servieren.

 *To go: Diese Dessert-Bowl ist in kleinen Portionen auch ein leckerer Energiekick für zwischendurch – ideal, um sie in der Mittagspause zuzubereiten (schmeckt frisch am besten).*

DAS GESCHMACKS-ERLEBNIS

 GF **LF** **VG**

SÜSSKARTOFFEL-BROWNIE-BOWL

Süsskartoffeln sind auch für Süssspeisen ideal. Ein **RICHTIGES VITAMIN- UND MINERAL-STOFFPAKET**, absolut unschlagbar bei den Vitaminen A, E, Beta-Carotin, B2 und bei Calcium. Ihr hoher Stärkegehalt macht diese Brownies zum mehlfreien Hochgenuss.

 ZZ: 25 MINUTEN

SF: 1 STUNDE 15 MINUTEN

ZUTATEN FÜR CA. 8 OFEN-FESTE SCHÜSSELCHEN (4 PERSONEN)

2 mittelgroße Süßkartoffeln

110 g Reismehl

½ TL Backpulver

etwas Vanillemark

½ TL Salz

50 g roher Kakao

40 g Maisstärke oder Maismehl

ca. 300 g entkernte Datteln

100 g Birkenzucker oder Ahornsirup

ca. 230 ml Mandelmilch (s. Tipp S. 133)

2 EL Erdnussbutter

Fett für die Formen

150 g Schokolade (70 %)

50 g Mandelstifte

TOPPING:

frische Beeren nach Belieben

1. Wasser für die Süßkartoffeln zum Kochen bringen. Süßkartoffeln schälen, abspülen, vierteln und bissfest kochen (etwa 20–30 Minuten).

2. Reismehl, Backpulver, Vanillemark, Salz, Kakao und Maisstärke vermischen. Datteln mit einer Gabel zerdrücken.

3. Backofen auf 160 °C Umluft (180 °C Ober-/Unterhitze) vorheizen. Süßkartoffeln abgießen, kalt abschrecken und mit einer Gabel zerdrücken (oder in einer Küchenmaschine vermixen). Datteln und Birkenzucker, Milch und Erdnussbutter hinzugeben und alles gut vermengen. Verrühren, bis eine cremige Maße entsteht.

4. Die in Schritt 2 vermengten Zutaten hinzugeben und alles gut vermengen. Masse gleichmäßig in die gefetteten Schüsselchen verteilen.

5. Brownie-Bowls im vorgeheizten Ofen auf mittlerer Schiene ca. 50–60 Minuten backen. Währenddessen Schokolade in kleine Stücke hacken. 15 Minuten vor Backende Schokoladenstückchen und Mandelstifte auf die Brownies geben. Mit frischen Beeren servieren.

Tipps: Die Brownies lassen sich gut einfrieren.
Statt Erdnussbutter passen auch Mandelmus oder Tahini sehr gut.
Statt Mandelmilch eignen sich auch Reis-, Hirse- oder Sojamilch (je nach Geschmack gesüßt oder ungesüßt).

 To go: Schmecken auch am nächsten Tag hervorragend und können wunderbar im Kühlschrank aufbewahrt werden.

 Saisonal: Noch warm aus dem Ofen schmecken die Brownie-Bowls statt mit frischen Beeren auch mit Vanilleeis oder Kokossahne bzw. Schlagsahne super.

Glutenfrei *bei Verwendung von glutenfreiem Backpulver*

Vegan und laktosefrei *bei Verwendung von veganer, laktosefreier Schokolade*

STICKY-RICE-BOWL MIT MANGO, KOKOS UND JOHANNISBEEREN

Auf einer Thailandreise entdeckt: Diese Bowl kann mehr als **SÜSSE ERINNERUNG** sein, denn sie ist mit den köstlichen Mangos ein **DESSERT-ERLEBNIS MIT POWER:** Betacarotin für die Sehkraft, Kalium für Herz und Kreislauf, Vitamin C, Calcium, Magnesium und Eisen fürs Immunsystem — all das steckt in der exotischen Frucht, deren Öl auch in der Schönheitspflege genutzt wird.

ZZ: 10–15 MINUTEN

SF: 35–50 MINUTEN

ZUTATEN FÜR 2 PERSONEN:

200 g schwarzer Reis (Sticky Rice)

Salz

150 g Kokosblütenzucker

1 Zimtstange

TOPPING:

1 Mango

1 Maracuja

Fleisch von einer halben kleinen Kokosnuss oder getrocknete Kokosspalten

einige rote Johannisbeeren

ca. 150–200 ml Kokosmilch

1. Reis unter fließendem Wasser säubern. 1,5 l leicht gesalzenes Wasser in einem Topf zum Kochen bringen. Kokosblütenzucker und Zimtstange hineingeben, Reis bei schwacher Hitze 30–45 Minuten kochen.

2. Mango schälen, Kern entfernen, Fruchtfleisch in Scheiben schneiden. Maracuja auslöffeln. Gegebenenfalls Kokosnussfleisch in feine Spalten schneiden.

3. Sticky Reis in Schüsseln geben und mit Mango, Maracuja, Johannisbeeren und Kokosspalten garnieren. Mit Kokosmilch übergossen servieren.

To go: Sticky Reis kann man gut in großen Mengen auf Vorrat kochen und dann für ein paar Tage im Kühlschrank aufbewahren. Schmeckt auch sehr gut zum Frühstück.

Saisonal: Statt Johannisbeeren Granatapfelkerne verwenden.

 GF   LF   VG

Grund

rezepte

Informationen über Toppings, die nicht zubereitet werden müssen (z.B. Nüsse), findest du auf S. 10 und 11.

Pimp your Bowl – Toppings

DUKKAH

 ZZ: 5 MINUTEN

 SF: 5 MINUTEN

ZUTATEN FÜR 2 PERSONEN:

1 EL Haselnüsse

1 TL Pinienkerne

1 EL Cashewnüsse

1 TL Kreuzkümmel

2 EL Sesam

1 TL Pfefferkörner

1 TL Korianderkörner

1 TL edelsüßes Paprikapulver

1 TL grobes Meersalz

1. Haselnüsse, Pinienkerne, Cashewnüsse, Kreuzkümmel, Sesam und Pfefferkörner in einer Pfanne ca. 2–3 Minuten ohne Fett rösten.

2. In einem Mörser zerkleinern. Koriander dazugeben, ebenfalls zermahlen. Paprika sowie Salz hinzufügen und ebenfalls mörsern.

GF   LF   VG

NUSSKROKANT

 ZZ: 5 MINUTEN

 SF: 5 MINUTEN

ZUTATEN FÜR 1 PERSON:

1 Handvoll Cashewnüsse

2 EL Honig

2 EL Sesam ·

1. Cashewnüsse in einer beschichteten Pfanne ohne Fett rösten. Honig und Sesam hinzugeben und so lange rösten, bis die Masse zusammenklebt.

GF   LF   VEG

LEINSAMEN-CRUNCH

 ZZ: 10–15 MINUTEN

🍴 SF: 40–45 MINUTEN

ZUTATEN FÜR 1 BLECH:

50 g geschroteter Leinsamen

40 g nicht geschroteter Leinsamen

1 EL Chiasamen

1 EL weiße Sesamkörner

1 EL Sonnenblumenkerne

1. Alle Zutaten in einer Schüssel miteinander vermischen. Mit Wasser bedecken und ca. 10 Minuten ziehen lassen.

2. Umrühren und noch etwas Wasser hinzugeben. Erneut 10 Minuten ziehen lassen. Backofen auf 180 °C Ober-/Unterhitze (160 °C Umluft) vorheizen.

3. Masse auf ein mit Backpapier belegtes Blech geben, gleichmäßig und sehr dünn verteilen.

4. In den Ofen schieben. Der Crunch ist fertig, wenn die gesamte Flüssigkeit verdampft ist und der Crunch sehr knusprig geworden ist (ca. 10–15 Minuten).

5. Etwas abkühlen lassen, anschließend in Stücke brechen.

GF   LF   VG

CHILI-POPCORN

 ZZ: 15–20 MINUTEN

🍴 SF: 15–20 MINUTEN

ZUTATEN FÜR 2 PERSONEN:

3 EL Öl

50 g Popcornmais

1 Schalotte

1 Knoblauchzehe

½ TL Salz

½ TL Chilipulver

½ TL gemahlener Koriander

1. Öl in einem Topf erhitzen. Maiskörner hinzugeben und gleichmäßig auf dem Boden verteilen. Topfdeckel fest auf den Topf legen. Warten, bis die ersten Körner aufplatzen, Topf dabei regelmäßig schütteln. Nach ca. 2 Minuten von der Herdplatte nehmen und warten, bis die letzten Körner geplatzt sind.

2. Schalotte und Knoblauch schälen und beides fein hacken. Schalotte, Knoblauch, Salz, Chilipulver und gemahlenen Koriander gut verrühren und in einem Mörser zu feiner feinen Paste verarbeiten.

3. Paste in einer Pfanne anrösten. Popcorn hinzugeben und alles gut vermengen.

Tipp: Ein Topping für alle, die es gerne scharf mögen. Wer es nicht so scharf möchte, lässt bei den Gewürzen das Chilipulver einfach weg.

GF   LF   VG

GRANOLA

 ZZ: 20 MINUTEN

SF: 20 MINUTEN

**ZUTATEN FÜR 2 GROSSE
VORRATSGLÄSER
ODER CA. 15 PORTIONEN:**

300 g rote Quinoa

150 g Haferflocken

2 EL Chiasamen

2 EL nicht geschroteter Leinsamen

40 g Sonnenblumenkerne

½ TL Zimt

1 Prise Salz

60 ml Ahornsirup

2 TL Kokosöl

200 g Kokoschips

50 g Gojibeeren

100 g Pekannüsse

1 TL grobes Meersalz

1. Backofen auf 180°C Ober-/Unterhitze (160°C Umluft) vorheizen. Ein Backblech mit Backpapier auslegen.

2. In einer großen Schüssel alle Zutaten bis auf die letzten drei vermengen und gut vermischen. Mischung gleichmäßig auf dem Backpapier ausstreichen und im Ofen 15 Minuten goldbraun backen.

3. Granola vollständig auskühlen lassen (bei Bedarf auseinanderbrechen). Restliche Zutaten hinzugeben, alles gut vermengen, in ein Vorratsglas geben und kühl lagern.

*Tipps: Schmeckt herrlich mit Joghurt, Mandelmilch oder griechischem Joghurt und frischen Früchten.
Ich packe es auch gerne in kleine Säckchen ein und nehme es als Snack wie Studentenfutter für unterwegs mit.*

LF   **VG**   **Glutenfrei** *bei Verwendung von zertifizierten glutenfreien Haferflocken*

GERÖSTETER BUCHWEIZEN

 ZZ: 5 MINUTEN

 SF: 5 MINUTEN

ZUTATEN FÜR 2 PERSONEN:

4 EL Buchweizen

1. Buchweizen in einer Pfanne ohne Fett vorsichtig rösten, bis die Körner zu duften beginnen und Farbe annehmen.

GF   **LF**   **VG**

Pimp your Bowl – Saucen & Co

KLASSISCHES DRESSING

 ZZ: 5 MINUTEN

SF: 5 MINUTEN

**ZUTATEN FÜR EINEN SALAT
FÜR 2 PERSONEN:**

1 Knoblauchzehe

Saft einer halben Zitrone

4 EL Olivenöl

2 EL weißer Balsamicoessig

1 EL Dijonsenf

2 TL Honig

Salz, Pfeffer

I. Knoblauch schälen und fein hacken. Aus Zitronensaft, Olivenöl, Essig, Senf, Honig, Salz, Pfeffer und Knoblauch ein Dressing herstellen.

LF   VEG   **Glutenfrei** *bei Verwendung von glutenfreiem Senf*   **Vegane Variante:** *Ahornsirup statt Honig verwenden*

ORANGENDRESSING

 ZZ: 5 MINUTEN

SF: 5 MINUTEN

**ZUTATEN FÜR EINEN SALAT
FÜR 2 PERSONEN:**

1 Knoblauchzehe

1 Schalotte

2 EL frisch gepresster Orangensaft

1 EL frisch gepresster Zitronensaft

1 TL Dijonsenf

½ TL Honig

5 EL Olivenöl

Salz, bunter Pfeffer

I. Knoblauch und Schalotte schälen und fein hacken. Alle Zutaten vermengen.

LF   VEG   **Glutenfrei** *bei Verwendung von glutenfreiem Senf*   **Vegane Variante:** *Ahornsirup statt Honig verwenden*

ASIATISCHES DRESSING

 ZZ: 5 MINUTEN

SF: 5 MINUTEN

ZUTATEN FÜR EINEN SALAT FÜR 2 PERSONEN:

1 daumengroßes Stück Ingwer

Schale einer halben unbehandelten Zitrone

1 TL Honig oder Agavendicksaft

¼ TL Chilipulver

½ EL frisch gepresster Zitronensaft

½ TL Meersalz

30 ml brauner Reisessig

40 ml Sojasauce

1 EL Olivenöl

1 EL Sesamöl

1. Ingwer schälen, reiben und mit dem Zitronenabrieb sowie Honig (Agavendicksaft) und Chilipulver gut verrühren. Zitronensaft, Salz, Reisessig, Sojasauce, Oliven- und Sesamöl hinzugeben und alles gut vermischen.

 LF   VEG   **Glutenfrei** *bei Verwendung von Tamari bzw. glutenfreier Sojasauce*   **Vegan** *bei Verwendung von Agavendicksaft statt Honig*

TSATSIKI

 ZZ: 10 MINUTEN

SF: 10 MINUTEN

ZUTATEN FÜR CA. 700 G TSATSIKI:

½ Salatgurke

2 Knoblauchzehen

500 g griechischer Joghurt

2 EL Olivenöl

Salz, Pfeffer

1. Salatgurke waschen, grob raspeln und in einem Sieb etwas abtropfen lassen. Knoblauch schälen und durch eine Knoblauchpresse drücken.

2. Joghurt mit Olivenöl in einer Schüssel verrühren. Gurken und Knoblauch unterrühren. Mit Salz und Pfeffer abschmecken.

 GF   VEG

Statt griechischem Joghurt Naturjoghurt nehmen

HUMMUS

 ZZ: 15 MINUTEN

SF: 15 MINUTEN

ZUTATEN FÜR CA. 500 G HUMMUS:

240 g Kichererbsen (aus der Dose)

250 ml Gemüsebrühe

1 Knoblauchzehe

1 unbehandelte Zitrone

½ TL Kreuzkümmelpulver

½ TL Paprikapulver

1 Msp. Chilipulver

Salz

Pfeffer

2 TL Olivenöl

1. Kichererbsen abgießen und abspülen. Bis zur Verwendung leicht in der Gemüsebrühe köcheln lassen. Knoblauch schälen und fein hacken. Zitrone heiß waschen, trockenrubbeln und Schale abreiben. 2 EL Saft auspressen.

2. Kichererbsen abgießen, dabei die Gemüsebrühe auffangen. Kichererbsen mit Knoblauch, Zitronensaft und einem Drittel der aufgefangenen Gemüsebrühe mit einem Stabmixer fein pürieren. Hummus mit Kreuzkümmel, Paprika- und Chilipulver, Salz, Pfeffer und Zitronenschale abschmecken. Olivenöl darüber träufeln.

GF **LF** **VG**

TAHINI- ODER ERDNUSSDRESSING

 ZZ: 5 MINUTEN

SF: 5 MINUTEN

ZUTATEN FÜR EINEN SALAT FÜR 2 PERSONEN:

1 daumengroßes Stück frischer Ingwer

1 Knoblauchzehe

Saft einer Limette

3 EL Reisessig

3 EL Olivenöl

3 EL Erdnussbutter oder Tahini

2 EL Sojasauce

1 EL Kokosblütenzucker

1. Ingwer und Knoblauch schälen, fein hacken und in eine Schüssel geben. Restliche Zutaten hinzugeben und alles gut vermengen.

LF **VG**   **Glutenfrei** *bei Verwendung von Tamari bzw. glutenfreier Sojasauce*

CURRYSAUCE

ZZ: 5 MINUTEN

SF: 5 MINUTEN

ZUTATEN:

75 g geröstete Mandeln

ca. 50 ml Limettensaft

60 ml Mandelmilch (s. Tipp S. 133)

50 g frische Ananas oder Mango

10 g frisch geriebener Ingwer

50 ml Olivenöl

20 ml Sesamöl

20 g saure Sahne

2 TL Currypulver

1 TL Kurkuma

I. Alle Zutaten in einen Mixer geben und so lange mixen, bis eine cremige Masse entsteht. Bei Bedarf mehr Mandelmilch hinzufügen.

Schnelle Currysaucen-Variante: 200 g Naturjoghurt, 50 g saure Sahne, 2 TL Currypulver, 1 Msp. Chilipulver, Salz, Pfeffer und Limettensaft nach Geschmack in einer Schüssel verrühren.

Tipp: Wenn man es fruchtiger möchte, 2 EL Fruchtpüree einrühren (Mango, Ananas, Passionsfrucht etc.).

GF   **VEG**

PASSIONSFRUCHTSAUCE

ZZ: 5 MINUTEN

SF: 5 MINUTEN

ZUTATEN:

100 g Passionsfruchtpüree

20 g Naturjoghurt

2 EL Olivenöl

1 EL Agavendicksaft

Salz

1 Prise Chilipulver

I. Passionsfruchtpüree in einer Schüssel mit Joghurt, Olivenöl, Agavendicksaft, Salz und Chilipulver verrühren.

GF   **VEG**

GESUNDE MAYONNAISE

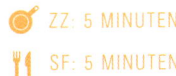 ZZ: 5 MINUTEN

SF: 5 MINUTEN

ZUTATEN:

2 Eigelb

1 TL Dijonsenf

1 Msp. Chilipulver

Salz

Saft einer halben Zitrone

50 g Olivenöl

50 g Leinsamenöl

50 g saure Sahne

1. Eigelb, Senf, Chilipulver, Salz und Zitronensaft in ein hohes, schlankes Gefäß geben. Mit einem Stabmixer die beiden Ölsorten langsam einmixen, bis eine stabile Masse entsteht.

2. Saure Sahne unterrühren und abschmecken.

Glutenfrei *bei Verwendung von glutenfreiem Senf*

VEG

JOGHURTSAUCE

 ZZ: 5 MINUTEN

SF: 5 MINUTEN

ZUTATEN:

½ Salatgurke

250 g Naturjoghurt

4 TL Tahini

Saft einer Zitrone

Abrieb einer halben unbehandelten Zitrone

Salz

1 Knoblauchzehe nach Belieben

frischer Koriander nach Belieben

1. Gurke schälen. Mit dem Joghurt mixen und mit Tahini, Zitronensaft und Zitronenabrieb gut verrühren.

2. 2. Mit etwas Salz abschmecken. Nach Belieben mit gehacktem Knoblauch und frischem Koriander verfeinern.

GF   **VEG**

Register

HINWEISE ZU DEN REZEPTEN:

Bei Backtemperaturen ist immer jene Art Hitze zuerst angegeben, die für das Rezept am besten geeignet ist. Sofern nicht anders angegeben, wurden Eier der Größe M verwendet. Der Hinweis „laktosefrei" findet sich nur bei Rezepten mit ausschließlich laktosefreien Zutaten. Werden Lebensmittel verwendet, die geringe Mengen Laktose enthalten, sind die Rezepte nicht als laktosefrei gekennzeichnet. Den Hinweis „glutenfrei" haben nur Rezepte, deren Zutaten unabhängig vom Hersteller glutenfrei sind. Werden Zutaten verwendet, die glutenhaltig oder glutenfrei sein können, z.B. Backpulver, findet sich der Hinweis „glutenfrei bei Verwendung von glutenfreiem Backpulver".

Every
new day
is another
—
chance
to change
your *life*

Meine Essensphilosophie

❧

Essen ist für mich Genuss.
Und Genuss soll immer ohne Reue stattfinden. Meine Philosophie
hat nichts mit Verzicht, Opfer bringen oder Kalorienzählen zu tun.

Meine Glutenunverträglichkeit verwehrt mir zwar viele tolle Lebensmittel,
aber ich nehme das nicht als Verzicht wahr. Sondern als Bereicherung:
Das Umdenken und das Kennenlernen neuer Lebensmittel hat mir eine
neue Welt eröffnet. Ich habe viel mehr Genuss und Geschmacksvielfalt
entdeckt. So ist etwas Neues und Kreatives entstanden und ein
spannender und erfüllender Beruf.

Die Erfahrung, wie wichtig gutes Essen ist, und wie es nicht nur mein,
sondern auch dein Leben verändern kann, möchte ich weitergeben.
Das betrifft nicht speziell Zöliakie-Betroffene oder Menschen mit
Unverträglichkeiten oder Übergewicht.

*Köstliches, gesundes und energiespendendes Essen
ist für alle wichtig. Dafür muss niemand etwas aufgeben
oder auf etwas verzichten. Ganz im Gegenteil!*

Eva Fischer

Julia Leissing

Julia Stix

Else Rieger

EVA FISCHER,

geb. 1986 in Vorarlberg, ausge-
bildete Gesundheitsmanagerin,
Ernährungsexpertin, Food-
Fotografin, -Stylistin, -Bloggerin
sowie Rezeptentwicklerin.

Für ihren beliebten Blog foodtastic
wurde sie mehrfach mit Awards
ausgezeichnet. Sie schreibt regelmäßig für Magazine, gibt Workshops,
ist Gast bei TV-Auftritten oder
Food-Events.

Neben fachlichen Beiträgen zu
Ernährung & Gesundheit liebt sie
es, zu reisen und neue Geschmäcker zu entdecken.

JULIA LEISSING,

geb. 1984 in Vorarlberg, Ausbildung
in Wien auf der Graphischen, seit
über 10 Jahren Wahlwienerin. Julia
und ihr Mann lieben Reisen, auf
denen sie viel Neues ausprobieren,
und bauen ihr eigenes Gemüse auf
der Terrasse an. Foodtastic unterstützt sie grafisch seit der
1. Stunde, weitere Projekte gibt's
auf www.julikat.com zu sehen.

JULIA STIX,

wurde 1984 in Wien geboren, eine
Stadt, die bis heute ihr Lebensmit-
telpunkt geblieben ist. Als freiberuf-
liche Fotografin arbeitet sie überall
dort, wo ihr gute Motive vor die Lin-
se kommen. Die Kulinarik und ihre
Protagonisten haben seit jeher einen
besonderen Platz in ihrer Arbeit.

ELSE RIEGER,

geb. 1970 in Salzburg, deutsche
Wahlwienerin. Schätzt an Kochbüchern die Herausforderung,
Wissen und Handlungsanweisungen
bestmöglich in Worte und Bilder zu
kleiden.

IMPRESSUM

Bibliografische Information der Deutschen Nationalbibliothek
Die Deutsche Nationalbibliothek verzeichnet diese Publikation in der Deutschen Nationalbibliografie;
detaillierte bibliografische Daten sind im Internet über http://dnb.d-nb.de abrufbar.

1. Auflage

REZEPTE UND TEXTE: Eva Fischer, www.foodtastic.at
FOTOGRAFIE: Julia Stix, www.juliastix.com
GRAFISCHE GESTALTUNG: Julia Leissing, www.julikat.com
LEKTORAT: Else Rieger
ILLUSTRATIONEN: Katharina Ralser, www.katharinaralser.at
PROJEKTLEITUNG BRANDSTÄTTER VERLAG: Stefanie Neuhart

BILDNACHWEIS:
Buchrücken, VS, 24, 44, 68, 79, 96, 120, 134, 162 NS: © Thinkstock

Urheber Zitat U4: Anthony Bourdain, picturequotes.com

ISBN 978-3-7106-0078-4

Christian Brandstätter Verlag
GmbH & Co KG
A-1080 Wien, Wickenburggasse 26
Telefon (+43-1) 512 15 43-0
Telefax (+43-1) 512 15 43-231
E-Mail: info@brandstaetterverlag.com
www.brandstaetterverlag.com
Designed in Austria, printed in the EU

FÜR DAS ZURVERFÜGUNGSTELLEN VON GESCHIRR DANKEN WIR:
HOUSE DOCTOR de.housedoctor.dk
FEINEDINGE www.feinedinge.at
BARBARA WIHANN www.keramik-wihann.at

www.lifechangingfood.info

Haftungsausschluss
Dieses Buch ist ein Kochbuch und enthält Rezepte mit natürlichen, sorgfältig zusammengestellten Zutaten. Es ist jedoch kein medizinischer Ratgeber und die darin enthaltenen Rezepte sind nicht zur medizinischen Behandlung von Beschwerden gedacht. Der Verlag und die Autorin übernehmen keine Haftung für etwaige nachteilige Folgen in Zusammenhang mit dem Gebrauch des Buches. In allen medizinischen Fragen oder bei körperlichen Beschwerden ist Hilfe von fachlicher Seite (Arzt, Heilpraktiker) in Anspruch zu nehmen.